La Fontaine en séries

CRIN

Cahiers de recherche des instituts néerlandais de langue et de littérature françaises

Direction

Franc Schuerewegen
Marc Smeets

Conseil de rédaction

Emmanuel Bouju (*Rennes*)
Marc Escola (*Lausanne*)
Karen Haddad (*Paris*)
Sjef Houppermans (*Leyde*)
Jean Kaempfer (*Lausanne*)
Michel Pierssens (*Montréal*)
Nathalie Roelens (*Luxembourg*)
Jean-Marie Seillan (*Nice*)
Sylvie Thorel-Cailleteau (*Lille*)

VOLUME 64

The titles published in this series are listed at *brill.com/crin*

La Fontaine en séries

Textes réunis et présentés par

Paul Pelckmans

BRILL
RODOPI

LEIDEN | BOSTON

Illustration de couverture : Page de titre de Jean de La Fontaine, *Fables choisies*, publié par Daniel de la Feuille en 1693 à Amsterdam.

Library of Congress Cataloging-in-Publication Data

Names: Pelckmans, Paul, editor.
Title: La Fontaine en séries / textes réunis et présentés par Paul
   Pelckmans.
Description: Leiden ; Boston : Brill-Rodopi, 2018. | Series: Cahiers de
   recherche des instituts néerlandais de langue et de littérature
   françaises ; volume 64 | Includes bibliographical references.
Identifiers: LCCN 2018002384 (print) | LCCN 2018006672 (ebook) | ISBN
   9789004363571 (E-book) | ISBN 9789004363557 (pbk. : alk. paper)
Subjects: LCSH: La Fontaine, Jean de, 1621-1695. Fables. | Fables,
   French--History and criticism.
Classification: LCC PQ1808 (ebook) | LCC PQ1808 .L3 2018 (print) | DDC
   841/.4--dc23
LC record available at https://lccn.loc.gov/2018002384

Typeface for the Latin, Greek, and Cyrillic scripts: "Brill". See and download: brill.com/brill-typeface.

ISSN 0169-894X
ISBN 978-90-04-36355-7 (paperback)
ISBN 978-90-04-36357-1 (e-book)

Copyright 2018 by Koninklijke Brill NV, Leiden, The Netherlands.
Koninklijke Brill NV incorporates the imprints Brill, Brill Hes & De Graaf, Brill Nijhoff, Brill Rodopi, Brill Sense and Hotei Publishing.
All rights reserved. No part of this publication may be reproduced, translated, stored in a retrieval system, or transmitted in any form or by any means, electronic, mechanical, photocopying, recording or otherwise, without prior written permission from the publisher.
Authorization to photocopy items for internal or personal use is granted by Koninklijke Brill NV provided that the appropriate fees are paid directly to The Copyright Clearance Center, 222 Rosewood Drive, Suite 910, Danvers, MA 01923, USA. Fees are subject to change.

This book is printed on acid-free paper and produced in a sustainable manner.

Sommaire

Notices sur les auteurs   VI
Résumés des articles   IX

Introduction   1

La Fontaine au jardin des fables. Diptyques, parallèles et reflets dans le Livre I de 1668   7
    Patrick Dandrey

Les diptyques facétieux du Livre III   23
    Tiphaine Rolland

Bornons ici cette carrière … La fin du *Premier Recueil* et les pratiques sérielles dans les fabliers pré-lafontainiens   40
    Paul J. Smith

Les Deux Amis et leur(s) double(s)   53
    Paul Pelckmans

Actes divers de la diversité : l'œuvre subtile du Livre IX   65
    Yves Le Pestipon

Daphnis et Alcimadure et *Philémon et Baucis*, un diptyque éthique et esthétique   85
    Julien Bardot

Fables sans animaux   100
    Marc Escola

Accouplements ambigus   111
    Sjef Houppermans

En guise d'Épilogue : La Fontaine, Rancé, Marie Du Bois et quelques autres   125
    Paul Pelckmans

Notices sur les auteurs

Julien Bardot
(°1988) est en quatrième année de doctorat sous la direction du Professeur Patrick Dandrey et attaché temporaire d'enseignement et de recherche à l'Université Paris-Sorbonne. Ses recherches, centrées sur l'oeuvre de La Fontaine, concernent la réception et l'appropriation de l'héritage antique au XVIIe siècle. Publication : *Vies et Fables d'Ésope*, édition d'Antoine Biscéré avec une traduction nouvelle de Julien Bardot, à paraître chez Gallimard dans la collection "Folio Classique".

Patrick Dandrey
(°1950) est professeur à l'Université Paris-Sorbonne et membre étranger de la Société Royale du Canada (Académie des arts, lettres et sciences humaines). Il préside la Société des Amis de Jean de La Fontaine et dirige sa revue *Le Fablier*. Spécialiste de la littérature et de la culture du XVIIe siècle français (Molière et La Fontaine notamment) et de l'histoire de l'ancienne médecine et des sciences de l'âme (notamment la mélancolie), il leur a consacré une vingtaine d'ouvrages et autant d'éditions savantes. Publications récentes: *Louis XIV a dit. Mots et Propos du Roi-Soleil,* Paris, Les Belles Lettres, 2015; *La Guerre comique. Molière et la Querelle de L'École des Femmes,* Paris, Hermann, 2015; *Naissance de la Critique littéraire*, (P. Dandrey dir., *Littératures classiques*, n° 86/2015).

Marc Escola
est Professeur de Littérature française de l'Âge classique et de Théorie littéraire à l'Université de Lausanne. Recherches sur les rapports entre morale et fiction au tournant des XVIIe et XVIIIe siècles. Auteur de nombreuses études, parmi lesquelles *La Bruyère I. Brèves Questions d'Herméneutique* et *La Bruyère II. Rhétorique du Discontinu* (Paris, Champion, 1999), *Lupus in Fabula. Six Façons d'affabuler la Fontaine* (Vincennes, Presses Universitaires, 2004) et *Littérature seconde ou la Bibliothèque de Circé* (Kimé, 2015, avec Sophie Rabau), il a également donné pour les éditions Garnier-Flammarion une série d'éditions de textes dont une *Anthologie de nouvelles galantes du XVIIe siècle* (2004), les *Trois Discours sur le Poème dramatique* de Corneille (1999), les *Journaux* de Marivaux (2010) et les *Pensées sur la Justice* de Pascal (2011). Il est aussi l'un des animateurs du site <www.fabula.org>.

NOTICES SUR LES AUTEURS

Sjef Houppermans
(°1950) est professeur émérite de Littérature Française à l'Université de Leyde. Il continue des recherches au carrefour de la littérature et de la psychanalyse. Publications : *Psychose en de Kunsten*, avec Peter Verstraten et Jos de Kroon, Antwerpen, Garant, 2014 ; *La Madone des Sleepings*, numéro 2015-1 de RELIEF, revue en ligne <www.revue-relief.org>.

Yves Le Pestipon
(°1957) enseigne la littérature française en classes préparatoires au lycée Fermat à Toulouse. Il publie de la poésie, fait des films, multiplie les interventions sur des scènes diverses. Il se définit volontiers comme « diversitaire ». Publications ; *Je plie et ne romps pas. Essai de Lecture ininterrompue du Livre I des Fables*, Rouen, Presses Universitaires, 2011 et *Oublier la Littérature ?*, Toulouse, Rue des Gestes, 2014. Après des films sur Grothendieck, Giscard et Néandertal, il achève deux films sur le préfet Poubelle et sur Adam Smith.

Paul Pelckmans
(°1953) est Professeur de Littérature française et générale à l'Université d'Anvers. Recherches aux confins du roman d'Ancien Régime et des « mentalités », notamment sur les mises en scène littéraires de la mort et sur les enjeux anthropologiques de la 'sensibilité', Publications: *Le Problème de l'Incroyance au XVIIIe siècle*, Québec, Presses de l'Université de Laval, 2010, *La Sociabilité des Cœurs. Pour une Anthropologie du Roman sentimental*, Amsterdam, Rodopi, 2013, *De Wereld van La Fontaine*, Antwerpen, Vrijdag, 2017.

Tiphaine Rolland
(°1990) a récemment soutenu une thèse de doctorat sur l'inspiration facétieuse de La Fontaine à l'Université Paris-Sorbonne. Elle étudie les œuvres du poète, notamment ses *Contes*, mais aussi les nouvelles, facéties et autres textes récréatifs du XVe au XVIIe siècle, et les représentations du divertissement à l'âge classique. Publications : *L'Atelier du conteur. Les* Contes et nouvelles *de Jean de La Fontaine*, Paris, Champion, 2014 ; édition électronique (2015, avec Paul Thoen) des *Hecatonmythia* d'Abstemius, dans le cadre du projet *Fabula Numerica*.

Paul J. Smith
(°1953) est Professeur de Littérature française à l'Université de Leyde. Auteur de nombreuses études sur la littérature française des XVIe, XVIIe et XXe siècles et sa réception aux Pays-Bas. Ses recherches portent également sur la zoologie à la Renaissance et les livres de fables et d'emblèmes de l'époque prémoderne.

Publications : *Emblems and the Natural World*, Karl A.E. Enenkel et Paul J. Smith éds, Leyde-Boston, Brill, 2017; *Translating Montaigne*, Paul J. Smith éd., Chicago, University Press, 2011; *Réécrire la Renaissance, de Marcel Proust à Michel Tournier. Exercices de lecture rapprochée*, Amsterdam-New York, Rodopi, 2009.

Résumés des articles

Julien Bardot, *Daphnis et Alcimadure* et *Philémon et Baucis*, un diptyque éthique et esthétique
Le livre XII des *Fables* a souvent attiré l'attention de la critique en raison de ses fables mythologiques, dont fait partie *Philémon et Baucis*. Mais il se trouve que cette fable forme avec *Daphnis et Alcimadure*, qui la précède, un diptyque tout aussi original et intéressant : on peut y voir comment le fabuliste s'approprie des récits étrangers au corpus ésopique pour leur conférer une valeur morale digne d'un recueil de fables, sans renoncer pour autant à leur exotisme. Dans ce cas précis, c'est par la complémentarité entre les situations et atmosphères au sein des deux fables que La Fontaine édifie ce diptyque propice au recueillement et à la réflexion morale.

Patrick Dandrey, La Fontaine au jardin des fables. Diptyques, parallèles et reflets dans le Livre I
A partir de l'analogie entre l'architecture du recueil des *Fables* et celle du jardin à la française, on développe le parallèle entre d'une part la conception du parterre horticole, composé de deux compartiments associés de part et d'autre d'une allée et considéré comme l'unité minimale quoique duelle du jardin, et d'autre part la tendance de La Fontaine à concevoir ses fables en diptyques dont le couple forme la brique élémentaire du recueil. Partant de l'exemple liminaire offert par *La Cigale et la Fourmi* associé en diptyque avec *Le Corbeau et le Renard*, on étend l'analyse de ces dualités à la structure et à la thématique du Livre I des *Fables* pour révéler que sa structure est analogue à celle d'un « parterre de broderies » partagé en compartiments par la forte césure exactement centrale de la fable 11, *L'Homme et son Image*, sur le thème du miroir moral. Et l'on montre que ces deux compartiments égaux et symétriques sont à leur tour recoupés par deux allées perpendiculaires en légère dissymétrie. Le jardin des *Fables* est bien composé comme un jardin de Le Nôtre.

Marc Escola, Fables sans animaux
La postérité a si bien attaché le nom de La Fontaine au genre de la fable animalière, que l'on méconnaît généralement le nombre de fables sans animaux dans les douze Livres des *Fables*. C'est méconnaître du même coup que le fabuliste est aussi l'auteur de deux recueils de *Contes* (au moins) dont la rédaction et la publication sont exactement contemporaines de la diffusion des *Fables*. Si l'on pose résolument que *Contes* et *Fables* ont bien le même auteur, on doit lire comme autant de contes (immoraux) les fables sans animaux, et inversement :

traquer dans les *Contes* autant d'apologues plaisamment amoraux. La confrontation invite à cette question sur l'inspiration de La Fontaine : l'apologue était-il bien son genre ?

Sjef Houppermans, Accouplements ambigus
Le troisième et le quatrième recueil des *Contes et Nouvelles* s'ouvrent chacun sur une sorte d'initiation. *Les Oies du Frère Philippe* relate comment un garçon 'sauvage', élevé dans la solitude des forêts, découvre les femmes lors d'un voyage en ville. *Comment l'Esprit vient aux Filles* décrit la recherche de Lise, qui trouve l'esprit en question entre les bras d'un révérend père. Le ton léger et les jeux de mots n'empêchent pas une certaine ambiguïté qui peut donner des frissons. L'expérience de la lecture s'en ressent à l'instar des aventures libertines.

Paul Pelckmans, *Les deux Amis* et leur(s) double(s)
La fable des *Deux Amis* passe communément pour être une des rares fables émouvantes d'un recueil qui préfère le plus souvent la goguenardise sceptique aux beaux sentiments. Elle forme en réalité le second volet d'un diptyque dont *L'Ours et l'Amateur de jardins* est le premier volet : l'une et l'autre fable sont empruntées à Pilpay et traitent de l'amitié. A les lire à l'affilée, on se demande si la seconde fable ne serait pas, elle aussi, plus ironique que le lecteur moderne ne le dirait au premier regard.

Yves Le Pestipon, Actes divers de la diversité : l'œuvre subtile du Livre IX
Le livre IX des *Fables* est un livre rendu manifestement singulier par la présence de l'étonnant *Discours à Mme de La Sablière*. Une des manières de tenter d'en rendre compte est d'y suivre l'organisation d'une pensée complexe de la diversité, qu'il ne faut pas confondre avec la « bigarrure », ni avec la « variété », et qui permet de sentir le rôle du célèbre *Discours* sur l'âme des bêtes. À lire, dans tout le Livre, les mots qui caractérisent la diversité, bien des liaisons entre fables apparaissent. Des effets de série deviennent évidents. On sent comment La Fontaine propose, de texte en texte, une continuité complexe, qui fait plaisir et excite aux relectures.

Tiphaine Rolland, Les diptyques facétieux du Livre III
Le Livre III des *Fables* est-il plus « facétieux » que les autres du *Premier Receuil* ? La réponse peut sembler négative si l'on examine uniquement les sources des dix-huit apologues de ce Livre : seuls trois d'entre eux se rattachent directement à la tradition du conte à rire européen. Mais en étudiant deux diptyques, *L'Ivrogne et sa Femme* et *La Goutte et l'Araignée*, puis *Philomèle et Procné* et *La*

Femme noyée, il apparaît que La Fontaine tantôt réverbère des traits d'écriture facétieux dans des canevas ésopiques, tantôt tempère les tonalités gaillardes de certaines plaisanteries anciennes par la mélancolie d'un motif mythologique. La « gaieté » lafontainienne se révèle ainsi comme un art de la réverbération contrôlée de traditions allogènes, notamment celle du conte à rire, dans le cadre resserré de l'apologue.

Paul Smith, *Bornons ici cette carrière* **... La fin du** *Premier Recueil* **et les pratiques sérielles dans les fabliers pré-lafontainiens**
Le présent article se propose d'étudier la série des fables qui ferment le *Premier Recueil* des *Fables choisies* (1668) de La Fontaine. Afin de contextualiser la pratique sérielle de La Fontaine, nous donnons un bref survol historique des pratiques sérielles dans les fabliers avant La Fontaine.

Introduction

Les *Fables* de 1668, dont nous fêtons ces jours-ci les 350 ans d'éternelle jeunesse, n'étaient pas tout à fait une première. La Fontaine y regroupait des textes dont beaucoup avaient déjà circulé sur des feuilles volantes ou qu'il avait lus ou donnés à lire dans divers salons. La décision de les réunir dans un livre était, comme on sait, tout sauf évidente : l'auteur grisonnant et son éditeur comptaient au mieux, avec leur « pari des *Fables* »[1], sur « un succès d'estime », qui s'adosserait surtout à « la bonne vente des *Contes* »[2]. Ils ne devaient pas se douter que les *Fables* les relégueraient à jamais au second rang.

Les études ci-après voudraient saluer l'anniversaire de ce pari si magnifiquement réussi ; nous nous concentrerons donc sur divers effets de sens des mises en recueil successives des *Fables*, soit, comme on sait et en négligeant quelques plaquettes intermédiaires, celles de 1668, 1678-1679 et de 1693. Les *Fables* ont donné lieu à d'innombrables études globales ; on a sans doute plus souvent encore glosé en détail telle fable particulière, les quelques dizaines de vers qui font leur format le plus habituel se prêtant admirablement à ce genre d'exercice. Nous préférerons ici une troisième voie qui, pour être elle aussi tout sauf inédite, reste toujours un peu moins explorée : la mise en recueil des fables imposait aussi, par la force des choses, de les donner à lire dans un certain ordre et permettait donc de créer divers effets d'écho ou de contrepoint. C'était, du coup, renouveler à certain degré des textes que le lecteur connaissait déjà isolément, mais qui prenaient, de se trouver regroupés, une résonance inattendue ou simplement plus appuyée.

Je souligne d'abord, au risque d'enfoncer une porte ouverte, que ces miroitements supplémentaires restent foncièrement intermittents. Aucun des trois recueils ne construit une architecture d'ensemble, qui le structurerait du début à la fin. On se souvient que René Jasinski proposait jadis, en 1966, quelque chose de cet ordre en suggérant que les *Fables* de 1668 rejoindraient diverses péripéties de l'affaire Fouquet, dont beaucoup espéraient, après son procès, qu'il rentrerait un jour en grâce ou serait au moins amnistié. Les *Fables* feraient écho aux hauts et aux bas successifs de ces espérances, qui n'aboutiraient finalement à rien. Hypothèse ambitieuse, mais sans doute trop systématique : le livre de René Jasinski garde l'immense mérite d'avoir montré que l'ombre du Surintendant se profile derrière un certain nombre de fables, mais s'acharne sans doute un peu trop à la découvrir partout.

---

[1] Roger Duchêne, *Jean de La Fontaine*, Paris, Fayard, 1990, p. 257.
[2] *Ib.*, p. 256.

Nous lâcherons donc cette ombre pour quelques proies plus modestes. Il s'agira ici de diptyques ou de séries un peu plus longues, qui se suivent immédiatement dans les éditions originales et dont le voisinage nous a semblé faire sens. Le phénomène reste au demeurant un peu difficile à circonscrire : fidèle à son esthétique de la désinvolture, Fontaine laisse volontiers au lecteur le soin (et le plaisir) de découvrir ces *effets de voisinage*, qu'il aurait été pédant de souligner à chaque fois. On sait au demeurant que chaque Livre des *Fables* comporte une fable double, dont l'appariement est explicitement souligné et qui appelle donc une lecture parallèle. Nous avons préféré ne pas nous y attarder parce que ces fables doubles ont inspiré un chapitre majeur du maître-livre de Jean Pierre Collinet, *Le Monde littéraire de La Fontaine*[3], puis, en 1981, la thèse de Patrick Dandrey, *Une poétique implicite de La Fontaine ? Études sur le phénomène de la fable double dans les livres VII à XII des Fables*[4]. Il aurait été outrecuidant de chercher à dépasser des analyses à ce point parfaites.

Restait toujours, croyions-nous, à glaner quelque peu après ces moissons si magnifiquement engrangées. Nous nous sommes donc demandé si ces doublets dûment indexés n'auraient pas servi aussi à orienter l'attention du lecteur dans ce sens, autant dire à l'inciter à chercher ailleurs des diptyques ou des séries que La Fontaine n'aurait pas désignés en toutes lettres comme tels mais qui gagneraient pareillement à être relus d'une seule coulée.

...

A force de rechercher des effets de voisinage que le fabuliste se serait contenté de suggérer, on risque inévitablement d'en découvrir auxquels il n'avait jamais pensé et qui relèveraient dans ce sens d'une illusion d'optique. La Fontaine lui-même ne s'en serait sans doute pas trop formalisé : il n'imaginait pas encore, un bon siècle et demi avant le Romantisme, qu'on pût avoir le culte de son propre génie ni de ses sacro-saintes intentions d'auteur et se serait plutôt félicité, puisqu'il s'agissait avant tout de *plaire au public*, de lui avoir aménagé sans y tâcher une délectation de plus.

La recherche littéraire ne saurait se contenter, pour sa part, de savourer un *plaisir du texte* par trop arbitraire. Disons, pour faire vite, qu'elle se doit de retenir seulement des séries qui avaient quelque chance d'être perçues comme telles par les premiers lecteurs des *Fables* – et dont on peut imaginer dès lors que La Fontaine, même s'il ne les indexe pas, avait pu s'aviser de les construire.

---

3   Voir Jean Pierre Collinet, *Le Monde littéraire de La Fontaine*, Paris, PUF, 1970 (Genève, Slatkine, 2009), pp.163-226.
4   Il est à peine besoin de préciser qu'on en retrouve l'essentiel dans son maître-livre *La Fabrique des* Fables. *Essai sur la poétique de La Fontaine*, Paris, Klincksieck, 1991.

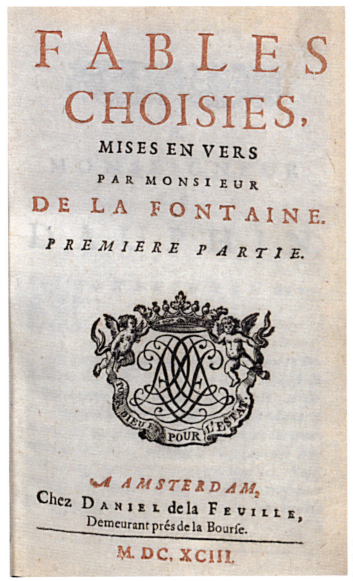

FIGURE 1
1693, Daniel de la Feuille

D'où, en premier lieu, un problème heuristique: il s'agit d'abord de définir quelques critères qui pourraient aider à repérer au mieux les fables que notre question pourrait concerner.

Notre recueil devait se borner, au mieux, à amorcer une manière de casuistique. Le cas de figure le plus élémentaire serait celui de diptyques qui vaudraient en somme des fables doubles qui ne diraient pas leur nom. *L'Ours et le Jardinier* et la célèbre fable des *Deux Amis* se réclament l'une à la suite de l'autre de Pilpay tout en rapprochant des anecdotes que lui ne juxtaposait pas ; elles proposent ainsi une réflexion suivie sur l'amitié, qui n'autorise sans doute pas tout à fait la lecture plutôt sentimentale que la critique a souvent faite de la seconde. *Daphnis et Alcimadure* et *Philémon et Baucis* réécrivent deux anecdotes antiques, empruntées respectivement à Théocrite et à Ovide ; Julien Bardot montre comment l'une et l'autre accusent la couleur mythologique pour mieux montrer, à la fin du Livre XII, que la fable s'autorise désormais à chercher et à trouver son bien dans la Fable. Ce qui ne l'empêche pas de réaménager aussi ces épisodes : La Fontaine construit tout un contrepoint entre le châtiment surnaturel d'un refus trop altier de l'amour et le couronnement tout aussi divin d'une fidélité exemplaire, auquel ses deux textes-source, d'ailleurs complètement indépendants l'un de l'autre, n'appelaient aucunement.

Ailleurs les enchaînements se font plus larges et du coup plus complexes. Le Livre III propose ainsi, à quelques pages de distance, deux diptyques qui font dialoguer l'un et l'autre la tradition ésopique avec celle, plutôt médiévale et renaissante, de l'histoire facétieuse. *L'Ivrogne et sa Femme* et *La Goutte et l'Araignée*, puis *Philomèle et Progné* et *La Femme noyée* combinent le souvenir antique avec des accents que je dirai, là encore de façon tant soit peu expéditive, plus 'populaires'. Tiphaine Rolland entre dans le détail et explique que La Fontaine, comme on pouvait s'y attendre, aménage savamment ses dosages ; la misogynie traditionnelle de ses matériaux facétieux, pour être insolemment affichée, se voit en même temps réduite, sous la plume de ce poète qui se veut aussi galant, à une manière de part congrue.

Il arrive même qu'un effet de série en ce cas forcément plutôt sophistiqué vienne à structurer un Livre presque tout entier. Les vingt-et-une fables du Livre Premier, alignent, à en croire Patrick Dandrey, dix diptyques : ils se répartiraient, en multipliant les effets d'écho et de contrepoint, autour de la fable 11 (*L'Homme et son Image*), qui sert ainsi de charnière ou de médian à l'ensemble. Lequel ensemble rejoint ainsi l'esthétique du jardin français, qui affectionne pareillement les duos de parcelles symétriques réparties autour d'une allée centrale. La différence est, bien sûr, que les ordonnancements savamment calculés d'André Le Nôtre et des siens s'imposent au premier coup d'œil. La Fontaine, qui avait pu les méditer à loisir depuis les belles années de Vaux, se sera plu à créer des échos moins voyants, laissant ainsi au lecteur le plaisir de les découvrir.

Le Livre IX élabore, avec une structuration sans doute un peu moins rigoureuse, toute une poétique de la diversité, dont Yves Le Pestipon explore les cheminements eux-mêmes fort ondoyants. Le terme et l'adjectif correspon-

INTRODUCTION 5

dant y reviennent à plusieurs reprises (même si le fameux 'Diversité c'est ma devise', qu'on imaginerait fort bien dans ce contexte, figure en fait dans les *Contes et Nouvelles*) et les huit premières fables du *Livre* en proposent une série d'exemples et de contre-exemples. Le thème se fait par la suite plus incident, sans disparaître pour autant ; il revient en force dans le *Discours* final *à Mme de La Sablière*, qui illustre aussi cette esthétique de la diversité en proposant un entretien très décontracté, qui s'écarte très ostensiblement des formats habituels de la fable. On se doute que La Fontaine s'y soucie moins de conclure que d'indiquer combien ses ré-flexions, autrement dit ses jeux de reflet, pourraient rebondir infiniment.

Les deux dernières contributions de notre recueil font voisiner les *Fables* et les *Contes*. Il y a là un autre diptyque, qui surplombe, si l'on peut dire, l'œuvre entière de La Fontaine et qui ne pouvait donc rester tout à fait absent de notre petit dossier. MARC ESCOLA constate d'abord que la limite entre la fable et le conte est plus fluctuante qu'on ne dirait et que les *Fables* alignent bon nombre d'anecdotes qui, de n'engager que des personnages humains et de ne préconiser aucune moralité, auraient presque aussi bien pu trouver leur place dans les *Contes*. Un texte comme *Les Femmes et le Secret*, qui fait aujourd'hui, en raison de son apparente banalité, une des pages les moins souvent commentées des *Fables*, prend même un relief insoupçonné si on le lit plutôt comme un conte : cet épisode apparemment quelconque risque fort de receler quelques-uns des sous-entendus gaillards les plus audacieux de toute l'œuvre de La Fontaine.

SJEF HOUPPERMANS termine notre trop rapide tour d'horizon en scrutant les effets d'écho entre *Les Oies de Frère Philippe* et *Comment l'Esprit vient aux Filles*, qui ouvrent, à quatre ans de distance, la Troisième Partie des *Contes et Nouvelles en vers* de 1671 et les *Nouveaux Contes* de 1675. Ces deux pièces liminaires racontent, de façon très appropriée, deux initiations amoureuses, l'une au bénéfice d'un jeune garçon qui a grandi en quasi sauvage auprès d'un père devenu ermite, l'autre au profit d'une jeune niaise à laquelle ses premiers ébats inspirent soudain assez d'esprit pour la détourner de les raconter naïvement à tout le monde. Les deux apprentissages dessinent un entrelacs subtil, qui prélude par moments, avec trois siècles d'avance, sur telles intuitions de la psychanalyse lacanienne.

• • •

Comme un recueil d'études de ce type ne pouvait que comporter beaucoup de citations, nous avons choisi, pour ne pas trop multiplier les notes, de renvoyer aux *Fables* dans nos textes mêmes (chiffre romain pour le Livre ; chiffre arabe pour le numéro de la fable, vers). Nos références renvoient, sauf indication contraire, au texte fourni dans les *Fables et Contes* de la Pléiade (Jean-Pierre Collinet éd., Paris, Gallimard, 1990).

Nous empruntons nos illustrations, au plus près de l'ancrage néerlandais de notre revue CRIN, à deux anciennes contrefaçons hollandaises, où les graveurs, comme on pourra le voir, se sont inspirés fidèlement, tout en se permettant de menues libertés, des gravures devenues d'emblée classiques des éditions originales. La plupart de nos illustrations viennent de l'édition de Daniel de la Feuille, qui a paru à Amsterdam en 1693 et qui ne contient donc forcément que les onze premiers Livres. Nous avons continué pour le Livre XII avec quelques pages de l'édition Zacharie Chatelain, parue à son tour à Amsterdam en 1727-28. Les exemplaires utilisés font partie des *Preciosa* de la Bibliothèque Universitaire d'Anvers (fonds Gielen, sigles P12.2056 et P11.1272), qui s'est aussi chargée fort obligeamment de nous fournir les photos voulues.

Merci aussi à Sjef Houppermans, qui a bien voulu fournir lui-même de quoi étayer ses gloses sur *Les Oies de Frère Philippe* et *Comment l'Esprit vient aux Filles*.

La Fontaine au jardin des fables. Diptyques, parallèles et reflets dans le livre I de 1668

Patrick Dandrey

Dans une communication prononcée en 1995[1], nous avions tenté d'apporter une réponse à l'irritante question de l'ordonnancement des *Fables* de La Fontaine au sein de chacun de leurs douze Livres en référant cette logique à celle du jardin régulier dit « à la française » et à sa conception de l'ordre très particulière. Le jardin à la française combine en effet une régularité générale, procédant de l'association de quelques lignes de force, croisées au centre de l'espace et déterminant des perspectives majeures, et un laisser-aller à plus de diversité, de fantaisie, d'irrégularité dans les parterres et les bosquets encadrés par ces espaces de parfaite lisibilité. Nous proposons d'expliquer par ce modèle mêlé l'organisation interne des douze Livres des *Fables,* en formant l'hypothèse qu'ils

> sont sillonnés par les grandes avenues du sens qui placent aux articulations majeures de la perspective les pièces les plus fortes et représentatives, associées par leur thème décoratif et allégorique, comme dans le programme mythologique que fontaines, groupes sculptés et statues incarnent à Versailles. Et puis voici que, dans les espaces intermédiaires ménagés par ces grandes et droites allées, des bosquets plus variés, plus fantaisistes, organisés selon des principes d'ordonnance mineure, plus lâche, offrent à la fois la surprise de leur fraîcheur et toujours aussi quelque aperçu sur les perspectives dégagées qui circonscrivent leur cadre protégé. Ces fantaisies se suivent, mais parfois c'est de loin, et se regardent, mais d'une vue oblique.[2]

---

1 Patrick Dandrey, « Un jardin de mémoire. Modèles et structures du recueil des *Fables* » in *Le Fablier*, 9/1997, p. 57-65.
2 Patrick Dandrey, « Un jardin de mémoire », *op. cit.,* p. 61-62. Sur le jardin comme modèle esthétique et sensible dans l'œuvre du poète, nous avons également publié « Les féeries d'Hortésie. Ethique, esthétique et poétique du jardin dans l'œuvre de La Fontaine » in *Le Fablier*, 8/1996, p. 161-170 et « Jean de La Fontaine au jardin de Versailles. La commande des *Amours de Psyché et de Cupidon* » in *Une traversée des savoirs. Mélanges offerts à Jackie Pigeaud*, Philippe Heuzé et Yves Hersant éds., Québec, Presses de l'Université Laval, 2008, p. 135-156.

Le hasard de sa genèse, qui a structuré le recueil en deux fois six Livres de fables, lui donne ainsi l'allure d'un jardin royal divisé en deux immenses parterres en miroir, eux-mêmes subdivisés en six compartiments chacun. Parterres en miroir, car ils sont similaires par leur ampleur, leur esthétique et leur morale, tout en se révélant très divers par le traitement et l'optique qu'ils adoptent sur cette matière presque semblable. Leur concomitance au sein du recueil achevé ne peut faire oublier qu'ils s'articulent autour d'une charnière de dix années qui a modifié en profondeur l'inspiration, le goût et la pensée du fabuliste, entre son premier recueil (Livres I à VI, 1668), tout ésopique et phédrien, et le second (Livres VII à XI, 1678-1679), en partie oriental et en tout cas mêlé - à quoi s'est ajouté, pour parachever la symétrie, un douzième et dernier Livre, très tardif (1693, daté 1694) et si libre de forme que nombre de contes moraux y jouxtent des fables strictement ésopiques.

Diversité dans la similitude ? Ou similitude dans la diversité ? À dire vrai, ni l'une ni l'autre optique n'est tout à fait juste, tout à fait fausse : la saisie perspective des douze Livres, bien ordonnés en parterres d'une vingtaine de fables chacun (neuf pour le moindre, vingt-neuf pour le plus abondant), met en évidence l'unité d'une démarche poursuivie sans solution de continuité pendant trois décennies ; l'unité d'un genre, celui de la fable de type ésopique traitée en vers irréguliers ; l'unité d'une esthétique, celle de la « gaieté » entendue comme une distance de badinage modéré ; et même l'unité d'une sagesse qu'on qualifiera, un peu rapidement peut-être, d'épicurisme inquiet. Pourtant, la diversité d'inspiration (ésopique ou orientale), de forme (apologue ou emblème), de répertoire (animalier, humain ou mêlé), de thèmes (ils sont légion) et de pensée (épicurisme et stoïcisme, dogmatisme et pragmatisme, christianisme et machiavélisme) imprime à cet ensemble apparemment ordonné la fantaisie de ses bigarrures et varie le plan global, tel que le saisit un regard surplombant, par des effets de disparité locale qui confèrent du pittoresque et suscitent l'attrait constant et toujours renouvelé de la surprise à la promenade au jardin des *Fables*.

Ce génie du parallèle approximatif, de la fausse gémellité, du diptyque trompeur est triomphalement illustré, à la charnière des deux panneaux, par un couple de fables, *La Discorde* et *La Jeune Veuve*[3], qui devaient ponctuer l'adieu au genre, puisque en 1668 La Fontaine croyait mettre un point final à sa carrière de fabuliste. Il a même laissé subsister dans son épopée achevée, en douze Livres, la pièce en vers par laquelle il croyait conclure son entreprise[4]. Juste avant cette pièce « métapoétique » formant désormais pivot entre les six

---

3   *Fables,* VI/20 et 21.
4   Id., *op. cit., Épilogue,* p. 241.

premiers Livres et les six derniers, se situe donc cet accouplement audacieux qui, à l'origine en 1668, fermait le jardin des *Fables* et désormais orne et signale l'allée centrale le divisant en ses deux parterres. Or, on ne peut rêver fables plus dissemblables et pourtant mieux accordées, par leur dissemblance, à cette fonction conclusive ou pivotale.

La Discorde conte le destin de cette déesse chassée des cieux et logée par les hommes, sur requête de la Renommée, dans l'auberge de l'Hyménée. Cet apologue tout allégorique pousse à son extrême la polarisation du genre par l'image, qui tend à le cristalliser et le figer dans le symbole incarné : le pittoresque de l'anecdote le cède ici au crayonnement d'une vignette emblématique, digne d'Alciat ou de Ripa, qui colore de mythologie un trait d'esprit caustique. À cette polarisation iconique du genre, *La Jeune Veuve* apporte son pendant et son double inversé : aimanté par le pôle narratif qui attire tout aussi puissamment les *Fables*, le récit de la jeune veuve prétendument inconsolable, dont le deuil dure le temps d'une saison à peine, tourne franchement au conte moral, ou pour mieux dire immoral, dans l'esprit tout à fait des *Contes et Nouvelles en vers* du poète[5]. Confirmation de cette disparité par les sources : le motif de *La Discorde* aura pu être inspiré à La Fontaine par une allégorie de Corrozet dans son *Hécatomgraphie*[6], qui nous renvoie à la tradition du discours emblématique, allégorique, iconologique et symbolique ; alors que *La Jeune Veuve,* tirée d'Abstémius dans la version de Nevelet[7], annonce le thème et le ton de ces contes que le voile de gaze dont on prétend les recouvrir rend d'autant plus incisifs, comme *Le Tableau,* inspiré de l'Arétin[8]. L'adieu au genre (qui ne devait être qu'un au revoir) prenait ainsi la forme d'un diptyque représentatif des deux formes les plus diamétralement opposées de l'inspiration ésopique, autour d'un thème qui pourtant les relie secrètement : l'allégorie de *La Discorde* explique comment elle loge dans l'Hyménée ; le conte de *La Jeune Veuve* narre comment se délite la fidélité à un époux qu'on voulait pleurer éternellement. La noise et l'étourderie, thèmes majeurs du livre VI des *Fables*, trouvaient là

---

5   Nous avons traité de ces deux polarités esthétiques des *Fables* dans notre « La fable de La Fontaine et les deux usages de l'image » in *Le Fablier*, 24/2013, p. 107-116.

6   Gilles Corrozet, *Hécatomgraphie, c'est-à-dire les Descriptions de cent Figures et Hystoires, contenantes plusieurs Apophtegmes, Proverbes, Sentences et Dictz tant des Anciens que des Modernes,* D. Janot, 1540, p. 62.

7   Abstemius, *Hecatonmythium* XIV, *De muliere virum morientem flente et Patre eam consolante,* [*in*] Isaac Nevelet, *Mythologia Æsopica,* Francoforti, typ. N. Hoffmannii, imp. J. Rosæ, p. 540. Jean de La Fontaine, *Le Tableau,* dans les *Nouveaux contes,* 1674, éd. cit. des *Fables. Contes et nouvelles,* p. 887-893.

8   « On m'engage à conter d'une manière honnête/ Le sujet d'un de ces tableaux/ Sur lesquels on met des rideaux.» (*Le Tableau,* v. 1-3).

une ultime illustration les associant autour de la traditionnelle attaque contre le mariage, sous la forme du couple discordant et néanmoins fidèle formé par une fable iconique et une fable narrative.

Au point de jonction entre les deux parties – entre les deux parterres – qui forment le recueil des *Fables*, le couplage de ces deux apologues en parallèle et en miroir inversé fait affleurer un principe fondamental de l'architecture et de la régulation du recueil : c'est que le seuil d'unité pertinente des *Fables* de La Fontaine se situe autant au niveau du diptyque formé par deux apologues accouplés qu'au niveau inférieur, celui de chacun pris isolément – un peu comme le vers français n'est pensable qu'en tant que distique, puisqu'il doit rimer avec un autre pour être considéré comme un vers[9]. Par là, l'esthétique de la fable rejoint, en profondeur, le génie du jardin français, dont un des principes avait consisté dans le déplacement du seuil pertinent où se situe l'unité minimale, la brique élémentaire de l'espace horticole : non plus au seuil de chaque compartiment d'une parcelle envisagé dans son autonomie, mais au seuil supérieur de la parcelle distribuée en deux compartiments en miroir. Car la parcelle élémentaire du jardin régulier ne peut être pensée que gémellaire et en miroir, comme un assemblage insécable de deux composantes jumelles et complémentaires pivotant autour de l'allée centrale qui sert de charnière à leur unité duelle.

...

L'art du jardin à la française, qu'André Le Nôtre portera à son degré exquis de perfection fluide et dynamique, est en effet issu d'un traitement nouveau de l'espace dont l'emblème est constitué par l'invention du parterre de broderies unifié, dont deux illustres prédécesseurs de Le Nôtre, Jacques Boyceau de La Barauderie et Claude Mollet, situent l'importation en France au début du XVIIe siècle. Claude Mollet explique ainsi ce que fut cette petite révolution :

> Le temps passé, il y a environ quarante ou cinquante ans qu'il ne se faisait que des petits Compartiments dans chacun quarré d'un Jardin de diverses sortes de Desseins.[10]

---

9 Que La Fontaine ait laissé passer par inadvertance un vers orphelin dans *La Cour du Lion* (VII/6, v. 21) nous semble faire indice, *ab absurdo*, de la validité de cette intuition....

10 Claude Mollet, *Théâtre des plans et jardinages contenant des secrets et des inventions inconnues à tous ceux qui jusqu'à présent se sont mêlez d'écrire sur cette matière*, Paris, Ch. de Sercy, 1652, ch. XXXIII, p. 199.

Autrement dit, dans l'ancien jardin « multiple » du Moyen Âge, une allée traversant un quadrilatère le fragmentait en deux compartiments qu'on traitait de manière autonome. Si on redoublait cette allée par une perpendiculaire, c'étaient quatre compartiments qui en sortaient, chacun jardiné différemment des trois autres : logique du patchwork. C'est alors qu'Étienne Du Pérac rapporta d'Italie une nouvelle façon d'associer par symétries et complémentarités les deux ou les quatre compartiments comme un seul sur lequel une broderie globale se déroule, à peine interrompue par le tracé de l'allée qui le traverse ou des allées qui s'y croisent, en donnant l'impression qu'elles ne font que s'y superposer. Élevé au niveau du jardin tout entier, ce principe ornemental lui conférait une unité globale, « de telle manière qu'un seul jardin n'estoit et ne faisoit qu'un seul Compartiment mi-party par grandes voyales[11] » : logique de la mosaïque.

Créateur des jardins d'Anet en 1582 à son retour d'Italie, Du Pérac y avait appliqué cette technique illusionniste d'inversion de la préséance entre la logique architectonique (une ou plusieurs allées délimitant des parterres) et la logique esthétique (un parterre unique auquel se superposent des allées). Si l'unité minimale du jardin demeurait, spatialement et matériellement, le compartiment, elle se situait désormais, intellectuellement et esthétiquement, au niveau supérieur de la parcelle traversée par une voie délimitant deux compartiments associés. Le diptyque représente le degré inférieur de la matière horticole, comme l'atome celui de la matière universelle : une allée traversant une parcelle ne la divise pas, elle s'y superpose sans l'entamer.

C'est le même génie du diptyque que l'on reconnaît dans l'architecture du jardin des *Fables* et qui trouve son expression la plus éclatante dans les fameuses « fables-doubles » du poète, qu'elles le soient par parallèle, comme

---

11   *Ib.*, p. 200. On peut trouver commodément des représentations du procédé en feuilletant le *Jardin de Plaisir* d'André Mollet (Stockholm, 1651) qui en recueille plusieurs exemples dans les planches qui suivent le texte (non pag.) ; ou encore en consultant le splendide *Hortus Palatinus* de Salomon de Caus (Francfort, 1620. Repr. Paris, Moniteur, 1981), recueil de plans des jardins conçus par l'auteur pour l'Électeur Palatin à Heidelberg : ainsi ce parterre en broderie du Jardin des Muses, de forme carrée traversée par deux allées en croix qui y délimitent quatre parcelles intérieures. La croisée de ces axes est adoucie par le traitement de l'angle de chaque parcelle en pan coupé arrondi, délimitant un petit cercle central. La périphérie de ce cercle est parcourue par une inscription végétale répartie en quatre sections, une pour chaque parcelle tronquée (« FRIDERICVS – V. COMES PAL. – EL. D. BA. – 1619 »). De surcroît, les broderies des parcelles s'interpellent par la complémentarité de leurs motifs. Si bien que, pour l'œil du lecteur et du promeneur, la broderie trouve son unité au niveau de l'ensemble du parterre auquel les allées semblent se superposer en intruses.

La Mort et le Malheureux, La Mort et le Bûcheron, par communauté, comme *Le Lion et le Rat, La Colombe et la Fourmi,* ou encore par intégration fusionnelle comme *Le Chameau et les Bâtons flottants,* entre bien d'autres combinaisons[12]. Mais ce n'est qu'une exacerbation d'un principe plus large et plus fondamental, qui trouve aussi son expression, comme on vient de le voir, dans le dernier couple de fables du recueil de 1668, en conclusion du Livre VI. D'ailleurs, ce sixième et dernier Livre s'ouvrait aussi sur le traitement redoublé d'un même motif (*Le Pâtre et le Lion, Le Lion et le Chasseur*), après que le volume, dans son ensemble, avait débuté lui-même par un diptyque indiscutable et célèbre : celui que *La Cigale et la Fourmi* forme avec *Le Corbeau et le Renard.*

Rien là, somme toute, qui doive surprendre. Après tout, la structure élémentaire de la fable ésopique est duelle : toute fable articule d'un côté un récit singulier, imagé (tout récit de fable est une métaphore), de registre humain ou animalier, traité à la manière d'un conte en miniature, et de l'autre côté son déchiffrement par une plus courte moralité, explicite le plus souvent, implicite « dans les endroits où elle n'a pu entrer avec grâce, et où il est aisé au lecteur de la suppléer »[13], située en tête ou en fin du récit, qu'elle surplombe par son universalité et son intemporalité gnomiques. Dès lors, faut-il s'étonner que les fables telles que La Fontaine les enchaîne tendent à se mirer chacune dans son analogue, s'étonner que le recueil pivote sur un couple si mal assorti soit-il (*La Discorde, La Jeune Veuve*) après avoir débuté par un couple en parfait miroir (*La Cigale et la Fourmi, Le Corbeau et le Renard*) ?

Arrêtons-nous justement à ce couple liminaire, qui est devenu comme l'enseigne du genre tel que La Fontaine se l'est approprié. On ne se donnera ni la peine ni le ridicule de montrer en détail comment et par quoi ces deux apologues forment diptyque. Il saute aux yeux qu'ils délivrent la même leçon de prudence, à travers la mise en scène de deux acteurs animaliers en relation de parole et de prière, dont la rencontre se conclut par la déconfiture de l'étourdi dépourvu et le triomphe narquois du plus avisé et mieux loti. *La Cigale et la Fourmi* module le thème sous l'angle de l'imprévoyance, *Le Corbeau et le Renard* sous l'angle de la présomption, mais comme deux broderies d'un parterre qui inverseraient leurs motifs complémentaires d'un compartiment parallèle à l'autre : la Cigale imprévoyante a la présomption de se faire accorder un prêt par la Fourmi, qu'elle prend bien à tort pour une prêteuse ; le Corbeau présomptueux n'a pas la prévoyance de se demander ce qu'il adviendra du fromage qu'il tient en son bec, quand il l'ouvre tout large pour convaincre de sa belle

---

12   Resp., I/15-16, II/11-12 et IV/10. On en trouvera le relevé et l'analyse dans Jean-Pierre Collinet, *Le monde littéraire de la Fontaine*, Paris, PUF, 1970, p. 163-226.

13   Jean La Fontaine, « Préface » des *Fables choisies mises en vers*, éd. cit., p. 9.

FIGURE 1
1693, Daniel de la Feuille

FIGURE 2
1693, Daniel de la Feuille

voix le Renard qu'il a bien tort de prendre pour sincère. Dans l'une, c'est la victime qui tient le discours, dans l'autre le bourreau. La leçon dans les deux cas est délivrée par le railleur sur le mode de la raillerie au sein ou à la frontière intérieure du récit.

Cette analyse à hauteur de diptyque pourrait être étendue aux quatre fables suivantes qui à leur manière aussi forment deux couples : *La Grenouille qui se veut faire aussi grosse que le Bœuf* avec *Les Deux Mulets* ; *Le Loup et le Chien* avec *La Génisse, la Chèvre et la Brebis en société avec le Lion*. Ce deux couples dessinent, en les variant, les mêmes « broderies » croisées de l'étourderie et de la présomption – ou, pour le dire autrement, de l'imprudence et de l'impudence, deux manières de ne pas se mesurer, faute de se connaître : on y reconnaît le motif païen du « connais-toi toi-même » assorti à l'éloge de la vertu chrétienne de Prudence, dont le dialogue va d'ailleurs faire l'objet et le thème diversement modulés par les vingt-deux fables de ce premier Livre des *Fables*, jusqu'à sa conclusion sur le destin croisé du Chêne, impudent et imprudent, et du Roseau, modeste et prévoyant. Certes, le modèle formel du diptyque n'est pas applicable tel quel à toutes les composantes de ce Livre I variant ce couple de thèmes : ce serait prêter une unité monotone à une composition architecturale qui se soucie de ne jamais épuiser ses modèles et d'en varier l'application, même si le principe de l'association par parallèle ou en miroir y persiste sous d'autres formes et continue d'y primer sur celui de l'agencement d'unités isolées. La constance de la thématique duelle, puisque toutes les fables articulent l'imprudence à l'impudence, suffit à garantir cet exhaussement du seuil inférieur de pertinence, qui se transporte de l'unité au couple.

•••

C'est ce qu'on vérifie en passant un cran au-dessus, au niveau du Livre I des *Fables* dans son ensemble. À ce seuil également, il appert que la logique du parterre de broderies à compartiments symétriques continue d'éclairer l'architecture du jardin des *Fables*. On note en effet qu'au mitan exact de leur cohorte de vingt-deux apologues, partageant comme une allée centrale deux parterres de broderies symétriques de dix fables, la onzième, *L'Homme et son Image,* se détache du groupe et y joue le rôle d'un pivot que tout distingue des précédentes et des suivantes. Cette fable qui en est à peine une rompt avec le modèle exclusivement narratif utilisé dans les dix premières, pour mettre en scène – plutôt qu'en action – un présomptueux dont l'amour-propre « accusait toujours les miroirs d'être faux » (I/11, v. 3), parce qu'il se jugeait plus beau que ne le lui montrait son image reflétée. Retiré en des lieux écartés, loin de tout risque, croit-il, de rencontrer son reflet, il y trouve pourtant un canal dont l'onde pure lui renvoie ses traits :

FIGURE 3
1693, Daniel de la Feuille

> Il fait tout ce qu'il peut pour éviter cette eau.
> Mais quoi, le canal est si beau
> Qu'il ne le quitte qu'avec peine.
> On voit bien où je veux venir :
> Je parle à tous ; et cette erreur extrême
> Est un mal que chacun se plaît d'entretenir.
> Notre âme c'est cet Homme amoureux de lui-même ;
> Tant de miroirs, ce sont les sottises d'autrui,
> Miroirs, de nos défauts les peintres légitimes ;
> Et quant au canal, c'est celui
> Que chacun sait, le livre des *Maximes*. (I/11, v. 18-28)

Par ce déchiffrement est explicitée l'intention de cette fable allégorique, composée « *Pour M.L.D.D.L.R.* », c'est-à-dire Monsieur le Duc de La Rochefoucauld. Ce discours qui est aussi un emblème, qui relève du symbole et se veut un hommage, synthétise le modèle de la fable narrative et celui de la fable iconique, pour opposer l'image de la juste et sage connaissance de soi aux variations sur l'impudence et l'imprudence qui font courir leurs broderies de part et d'autre, modulant en fleurs et topiaires diverses le motif du refus opiniâtre de se regarder.

Comme l'axe central du Petit Parc de Versailles, matérialisé sur une partie de sa longueur par le Tapis vert qui le sépare en deux espaces symétriques de parterres et de bosquets, cette fable-miroir sépare donc deux groupes de dix apologues exactement, le dernier (*Le Chêne et le Roseau*, fable 22) se détachant des dix précédents pour constituer aussi la conclusion du Livre entier. Le premier « compartiment », formé des fables 1 à 10, de modèle entièrement narratif, même si la fable 8 (*L'Hirondelle et les Petits Oiseaux*) y révèle l'influence de l'architecture ternaire de l'emblème (mot / image / leçon[14]), développe le thème de la prudence qui invite à se garantir ou à se résigner, croisé à celui de la présomption qui empêche de se regarder et de se mesurer. La leçon globale qui s'en dégage, c'est qu'agir en toute connaissance de cause et de soi-même est le fondement de la sagesse.

Et puis, de l'autre côté du miroir central formé par *L'Homme et son Image* (fable 11), le groupe des dix fables formant le second compartiment du parterre module la dualité de formes suggérée par cette stase centrale : *Le Dragon à plusieurs Têtes et le Dragon à plusieurs Queues* (fable 12), *Les Voleurs et l'Âne* (fable 13) et *Simonide préservé par les Dieux* (fable 14) accusent diversement, par leur forme ou leur thème, l'influence de l'esthétique iconique et allégorique suggérée par le miroir moral de la fable-pivot. Le diptyque *La Mort et le Malheureux / La Mort et le Bûcheron* (fables 15-16) vient alors marier les deux génies, celui de l'allégorie pour l'une, de la narration pour l'autre, haussant le duo thématique de l'impudence et de l'imprudence au plus haut degré de conséquence possible, puisqu'ils l'associent à la mort pour dénoncer la présomption et l'étourderie de la solliciter étourdiment. Suivent trois fables de tour narratif et anecdotique (*L'Homme entre deux âges et ses deux Maîtresses, Le Renard et la Cigogne, L'Enfant et le Maître d'école,* fables 17, 18 et 19) et deux fables allégoriques et iconiques (*Le Coq et la Perle* et *Les Frelons et les Mouches à Miel,* fables 20 et 21), auxquelles pour partie s'associe la fable 22, *Le Chêne et le Roseau*, qui combine les deux modèles esthétiques, traitant sur un mode un peu artificiellement narratif un motif tout emblématique (l'arbre abattu par le vent) pour synthétiser la thématique du livre : l'impudence et l'imprudence de qui ne veut plier et finit par rompre, contrairement au sage qui se mesure et s'accommode.

Au cœur de ce compartiment second ouvert par la douzième fable et conclu par la vingt-deuxième, le couple formé par *La Mort et le Malheureux* avec *La Mort et le Bûcheron* (fables 15 et 16) marque une halte, un point saillant, par la

---

14   Voir Georges Couton, *La Poétique de La Fontaine. Deux études : La Fontaine et l'art des emblèmes. Du Pensum aux Fables,* Paris, PUF, 1957 et *Écritures codées, Essais sur l'allégorie au XVIIe siècle*, Paris, Aux Amateurs de livres, 1991.

force de son sujet et par l'originalité de l'exercice de variation auquel s'y livre le fabuliste. Il souligne cette particularité par son intervention en forme de didascalie, bien dans l'esprit de la charnière centrale que constituait la onzième dédiée à La Rochefoucauld. On lit en effet ceci après le dernier vers de *La Mort et le Malheureux* et en introduction à *La Mort et le Bûcheron* :

> Ce sujet a été traité d'une autre façon par Ésope, comme la fable suivante le fera voir. Je composai celle-ci pour une raison qui me contraignait de rendre la chose ainsi générale. Mais quelqu'un me fit connaître que j'eusse beaucoup mieux fait de suivre mon original, et que je laissais passer un des plus beaux traits qui fût dans Ésope. Cela m'obligea d'y avoir recours. Nous ne saurions aller plus avant que les Anciens : ils ne nous ont laissé pour notre part que la gloire de les bien suivre. Je joins toutefois ma fable à celle d'Ésope, non que la mienne le mérite, mais à cause du mot de Mécénas que j'y fais entrer et qui est si beau et si à propos que je n'ai pas cru le devoir omettre.[15]

Moment fort du cheminement, cette fable double que sa dualité signale ostensiblement se signale aussi par l'élévation de sa pensée : une méditation raisonnée sur la mort, conseillant la prudence non d'y penser toujours, mais de ne jamais la prendre présomptueusement ou étourdiment pour une solution[16]. Elle marque une forte césure dans cette seconde partie du Livre, tout en annonçant le registre et la portée méditative de la fable dernière. En cela, elle figure comme une stase mineure, interne au second compartiment du Livre I qu'elle subdivise en deux, un peu comme, sur le plan d'un parterre horticole, une allée horizontale Est-Ouest qui viendrait recouper la verticale Nord-Sud pour opérer la quadripartition de la parcelle. *L'Homme et son Image* marque, on l'a vu, l'axe central Nord-Sud. Le couple de *La Mort et le Malheureux* / *La Mort et le Bûcheron*, au tiers du compartiment formé par les fables 12 à 22, trace la moitié d'une allée horizontale, scindant à son tour en deux compartiments inégaux mais proportionnés cette seconde moitié du Livre I.

Mais une demi-allée horizontale, cela ne se conçoit pas : il lui faut un prolongement de l'autre côté du chemin médian, de l'autre côté du miroir central.

---

15   Jean de La Fontaine, *Fables choisies mises en vers*, op. cit., p. 53-54.
16   À la même époque, Dorine dans *Tartuffe* s'exprimait dans les mêmes termes ironiques devant le projet candide de suicide que lui annonçait Mariane : « Fort bien : c'est un recours où je ne songeais pas ;/ Vous n'avez qu'à mourir pour sortir d'embarras ;/ Le remède sans doute est merveilleux. J'enrage/ Lorsque j'entends tenir ces sortes de langage. » (*Tartuffe*, II/3, v. 615-618).

Or, justement, la méditation sur la mort portée par les fables jumelles 15 et 16 se trouve avoir été annoncée par une autre réflexion de même nature, au cœur du bloc formé par les dix premières fables : celle que développe *La Besace* (fable 7), sur l'aveuglement universel des espèces convoquées devant le tribunal de Jupiter. Tout aussi ambitieuse par son thème que le couple de fables 15-16, *La Besace* étend la dénonciation de l'impudence et de l'imprudence à toute la création, sous la forme d'une fable elle aussi double, du moins par son origine, puisqu'elle a hérité d'un apologue d'Avianus la structure du procès des espèces animales[17], qu'elle combine à l'allégorie de la besace tirée d'une fable ésopique et phédrienne connue sous ce nom[18] : elle met en scène une sorte de Jugement dernier pour bêtes et gens dont le verdict est ironiquement symbolisé par l'emblème de la besace. D'où il se conclut que, tous Besaciers, nous rangeons nos défauts dans la poche de derrière et ceux d'autrui dans celle de devant. Cette fable discrètement double développe ainsi, au second tiers des fables 1 à 10, une méditation mi-narrative mi-allégorique, à la fois eschatologique et ironique, sur l'aveugle présomption des hommes. C'est de la même façon que, de l'autre côté de l'axe central, le doublet des fables 15/16 offrira une réflexion allégorique et moqueuse sur la vie et la mort, au premier tiers des fables 12 à 21. Leurs ambitions se valent et leurs formes se correspondent, tandis que leur différence nuancée de sujet et de position varie élégamment la symétrie de part et d'autre de l'allée centrale du parterre. Concerté ou intuitif, ce dispositif architectural impressionne, en tout cas, par sa maîtrise.

…

Composé selon une logique esthétique analogue à celle du jardin à la française, le Livre I des *Fables* est donc organisé autour de l'axe majeur d'une fable-miroir (11) le partageant en deux parties jumelles, subdivisées chacune ensuite par un axe mineur que ponctue une fable elle-même « miroitante », que ce soit par

---

17 Cf. : « Jupiter dit un jour : Que tout ce qui respire/ S'en vienne comparaître aux pieds de ma grandeur ». (I/7, v. 1-2). D'après la fable d'Avianus, *La Guenon et Jupiter*, par l'intermédiaire probable de Jean Baudoin, *De la Femelle du Singe et de ses deux Enfants* : à la fin de son commentaire, Baudoin évoque déjà l'image de la besace (Jean Baudoin, *Les Fables d'Esope, Phrygien. Traduction nouvelle. Illustrée de Discours Moraux, Philosophiques et Politiques* (1631), Bruxelles, F. Coppens, 1669, p. 378-382.)

18 « Le Fabricateur souverain/ Nous créa Besaciers tous de même manière », v. 31-32. D'après la fable *Les Deux Besaces* dans la version ésopique ou celle de Phèdre (liv. IV, fable X). Dans *Le Monde littéraire de La Fontaine*, Jean-Pierre Collinet analyse la manière dont La Fontaine a cousu les deux apologues à l'origine de cette fable discrètement double (*op. cit.*, p. 169-170).

son propos et sa distribution (bêtes et homme mis en parallèle sous l'œil de la divinité dans *La Besace*) ou par sa structure de fable-double (*La Mort et le Malheureux. La Mort et le Bûcheron*). De part et d'autre, l'ensemble du Livre est placé sous le signe d'une symétrie globale qui fuit toute rigueur pour éviter une plate monotonie. Le décalage dans la composition de chaque partie, dont la fable centrale ponctue dans un cas le second tiers du groupement (fable 7 sur 10), dans l'autre le premier tiers (fables 15-16 sur l'ensemble 12-22), fait emblème de ce souci de variété dans l'uniformité qui est destiné à éviter tout ennui en ménageant des surprises, des nuances, de l'imprévu dans la symétrie.

Les six premières fables, groupées deux par deux en trois duos, sont toutes narratives et animalières : les bêtes qui constituent les personnages de chaque anecdote rapidement contée y sont l'image des hommes, sans rencontre ni encore moins d'interférence avec des acteurs humains identifiés[19]. Vient alors *La Besace,* qui substitue à la métaphore le parallèle : celui des réactions entre bêtes et gens interrogés par Jupiter sur leur idée d'eux-mêmes. Après quoi, les fables 8, 9 et 10 sont de nouveau animalières et narratives. L'unité thématique et esthétique de l'ensemble n'est contestée par aucun de ces apologues. Seules des variations modérées sur la longueur et la prosodie (la versification est diverse selon les textes) et sur le mode de dégagement de la moralité (implicite, dégagée ou intégrée) mettent de la diversité dans cette unité.

Après la fable 11, dans le second bloc où la polarité iconique et emblématique, sans être exclusive, conteste néanmoins sa primauté à la régulation narrative de l'apologue, les fables à personnage humain dominent (fables 12 à 17, puis 19 et pour partie 20), mais sans non plus exclure pour autant les fables animalières, même si elles sont très modérément représentées (fables 18, 20 et 21) : au lieu de la distribution bien rigoureuse des deux modèles, animalier et humain, de part et d'autre du pivot central, ce groupement, tout en accordant la primauté au monde humain jusqu'alors ignoré, n'a garde de lui accorder une monotone exclusivité et joue sur le mélange inégal. L'ensemble culminera, pour terminer le parcours, sur les végétaux (fable 22), en manière de synthèse entre les deux parties, les deux inspirations. On notera qu'aucune fable hybride ne figure dans cet ensemble. Mise en jambes pour le promeneur, ce premier Livre ne se risque pas encore à l'audace du dialogue entre bêtes et gens. Aucune osmose n'y opère entre les deux univers : le miroir et le parallèle y dominent exclusivement.

Et de fait, l'ensemble des apologues qu'il rassemble se caractérise par une profusion de dédoublements, de redoublements, d'échos et de parallèles : on

---

19   La « troupe » qui perce de coups le Mulet de la gabelle est on ne peut plus anonyme et joue tout au plus les utilités (*Les Deux Mulets*, fable I/4, v. 11).

XXII.
Le Chene & le Rozeau.

FIGURE 4
1693, Daniel de la Feuille

ne compte plus les couples d'acteurs (Cigale et Fourmi, Corbeau et Renard, Loup et Agneau, etc.) et les couples d'actions (Rats de ville et des champs, tour à tour festoyant et fuyant ; Loup tour à tour se rêvant en Chien et s'y refusant ; Renard et Cigogne, tour à tour hôtes et invités, etc.), les figures gémellaires ou en miroir (deux Mulets, un Homme entre deux âges et deux Maîtresses, Castor et Pollux, le Dragon à plusieurs têtes et l'autre à plusieurs queues…), les confrontations procédurières (le Loup et l'Agneau, les Frelons et les Abeilles, les bêtes et l'homme devant le tribunal de Jupiter), les échos divers entre fables (le Renard triomphant, fable 2, ou puni, fable 18 ; deux Mulets assaillis par une troupe, fable 4, deux voleurs se disputant un Âne, fable 13) et bien sûr les diptyques s'additionnant en série - une vraie galerie de reflets. Le Livre I des *Fables* est le livre du miroir : il joue sur la multiplication des parallèles à des niveaux divers, sur la complémentarité ou la dissemblance des diptyques, sur l'incessante recomposition des effets de miroitement, d'écho, de symétrie selon l'angle et la prise, globaux ou locaux. Peut-être influencé par la dédicace du recueil au Dauphin, il prend un tour de nouveau « miroir des princes ».

Et comme un miroir des princes, en l'occurrence destiné à un jeune prince encore tout enfant, il dessine un cheminement moral sur lequel il convie tout lecteur à modeler sa promenade de fable en fable. Ce cheminement, on peut en imaginer ainsi la logique : le diptyque premier (*La Cigale et la Fourmi, Le*

Corbeau et le Renard), modulant les thèmes de l'imprudence et de la présomption par les motifs de l'étourderie et de la flatterie, de la tromperie par soi-même et par l'autre, mène le promeneur au couple ultime (*Le Chêne et le Roseau*) qui élève en destin le dialogue entre ces défauts et les vertus de lucidité et d'humilité, tout en haussant l'esthétique familière du genre jusqu'au sublime d'une image suspendue entre la mort et l'éternité :

> Celui de qui la tête au ciel était voisine,
> Et dont les pieds touchaient à l'empire des morts. (I/22, v. 31-32)

Au centre de cette pérégrination psychagogique se dresse le miroir moral et esthétique de son projet et de son objet : *L'Homme et son Image* propose un parallèle avec une entreprise jumelle d'imagerie morale, celle des *Maximes* de La Rochefoucauld, pour réfléchir dans une allégorie, celle du miroir offert par l'eau pure d'un beau canal, l'ambition intellectuelle et esthétique de la poésie morale. Cette ambition, c'est d'user du Beau au service du Vrai, selon le précepte horatien de l'*utile dulci*, pour obéir à l'injonction de l'oracle de Delphes délivré jadis à Socrate et corriger les hommes de l'imprévoyance et de la présomption.

Pourquoi avoir privilégié la traque de ces défauts en tête du volume ? Sinon parce qu'ils relèvent d'une méconnaissance et d'un oubli des données les plus élémentaires, les plus indispensables, les plus fondamentales de la vie : le temps et l'espace - le temps qui fait succéder à l'été où l'on chante l'automne et l'hiver où souffle la bise ; l'espace régi par la loi de la chute des corps, y compris celle des fromages. La dernière fable combine en synthèse ces leçons, opposant l'ignorance du Chêne à la sagesse du Roseau : le premier se fie imprudemment sur l'avenir à la seule lumière du passé et se fie impudemment à son « front au Caucase pareil » (I/22, v. 7) dont procédera sa ruine ; alors que le second, connaissant et reconnaissant sa faiblesse, sait tirer de cette lucidité sa force et sa stratégie : plier pour ne pas rompre. Ce Roseau bien appris est émule non seulement de La Rochefoucauld, mais aussi, mais surtout de Montaigne :

> Car, m'étant trouvé en tel degré de fortune des ma naissance, que j'ay eu occasion de m'y arrêter, et en tel degré de sens que j'ay senti en avoir occasion, [...] je n'ay rien cherché et n'ay aussi rien pris [...]. Je n'ay eu besoin que de la suffisance de me contenter, qui est pourtant un règlement d'âme, à le bien prendre, également difficile en toute sorte de condition, et que par usage nous voyons se trouver plus facilement encore en la nécessité qu'en l'abondance.[20]

---

20 Montaigne, *Les Essais*, Jean Balsamo, Michel Magnien et Cathérine Magnien-Simonin éds, Paris, Gallimard, 2007, p. 681 (II/17, « De la presumption »).

La « suffisance de se contenter » de ce dont la Nature vous a pourvu, vous a doté, n'est-ce pas la sagesse lucide et humble du Roseau ? Les *Essais*, les *Maximes*, les *Fables* : voilà aussi qui fait série, parallèle, miroir.

Ce qu'en dernière analyse suggèrent ces itinéraires, celui de La Fontaine imprimant ses pas dans ceux de ses prédécesseurs dans la traque de l'étourderie, de l'imprudence, du refus opiniâtre d'entendre la sagesse, c'est sans doute l'intermédiaire sinueux de l'apprentissage adulte entre la naïveté puérile des étourdis mis en scène au début du Livre et la méditation sur les fins dernières, celles de l'homme comme celles des chênes, qui clôt le parcours sur le mot « morts » : cheminement (ou navigation) entre deux rives, entre deux âges, entre deux mondes, animal et humain, entre deux arts, poésie et morale ; cheminement psychagogique dans un jardin aux sentiers qui bifurquent et se font écho par répétition, variation et évolution des thèmes et des formes marchant de front, deux par deux, jusqu'aux confins de la vie, jusqu'au suspens du dernier vers du livre, en apesanteur de suggestion et en vertige devant le gouffre de l'indicible.

Méditation en acte sur la vertu de l'expérience et l'art de sa transmission, ce Livre miroitant est aussi un miroir des *Fables* et du cheminement de sagesse auquel elles nous convient. Régi par la logique d'un jardin à la française, il révèle entre les lignes, entre les vers, que le recueil des *Fables* ambitionne d'être aussi un jardin et un miroir de l'âme.

Les diptyques facétieux du Livre III

Tiphaine Rolland

Le Livre III des *Fables choisies mises en vers* s'ouvre sur la réaction amusée d'un passant face à un spectacle, il est vrai, peu commun : celui qu'offrent un meunier et son fils, portant un bâton auquel leur âne est suspendu par les pattes.

> Le premier qui les vit de rire s'éclata.
> Quelle farce, dit-il, vont jouer ces gens-là ? (III/1, v. 35)

Les deux porteurs rejouent en fait, par les multiples combinaisons qu'ils expérimentent pour guider le baudet à la foire, une très ancienne plaisanterie, d'origine orientale. Qu'on ne s'y trompe pas, en effet : bien que la fable de La Fontaine ait contribué à naturaliser ce récit au pays de l'apologue ésopique, les tribulations du meunier, de son fils et de leur âne étaient essentiellement perçues jusqu'au XVIIe siècle comme une narration plaisante. En témoignent sa présence dans les *Facéties* de Poggio Bracciolini au quinzième siècle[1], qui contribua à sa diffusion européenne, sa reprise par le bateleur parisien Bruscambille sous Louis XIII[2], ou sa réécriture par Antoine Le Métel d'Ouville dans sa compilation d'histoires drôles intitulées les *Contes aux heures perdues* en 1644[3]. Autant d'occurrences que La Fontaine pouvait avoir à l'esprit quand il reprend à son tour le texte pour en faire une fable. En effet, si le fabuliste semble faciliter la tâche des chasseurs de sources en indiquant que ce récit aurait été raconté par Malherbe à Racan, lequel reproduit la scène dans la biographie qu'il consacre à son père spirituel[4], certains éléments diffèrent, notamment l'ordre des combinaisons expérimentées par les protagonistes et le motif de leur déplacement. Le poète, tout en se souvenant d'une occurrence particulière de ce motif, l'a donc associée avec d'autres. Lesquelles ? *Quaestio difficilis* :

---

[1] Le Pogge [Poggio Bracciolini], *Facéties* [1470], Étienne Wolff trad., Stefano Pittaluga éd., Paris, Les Belles Lettres, 2005, n° 100, « « Facetissimum de sene quodam qui portavit asinum super se », p. 59-60.
[2] Bruscambille, *Œuvres complètes*, Hugh G.A. Roberts et Annette H. Tomarken éds, Paris, Champion, 2012, p. 294-295.
[3] Antoine Le Métel d'Ouville, *Les Contes aux heures perdues*, Paris, Toussaint Quinet, t. IV, p. 6-10.
[4] Voir Pierre de Saint-Glas (éd.), *Divers traitez d'histoire, de morale et d'éloquence*, Paris, Vve C. Thiboust et E. Esclassan, 1672, p. 29-32, pour la première édition de la *Vie de Malherbe* écrite par Racan. Le texte circulait de manière manuscrite avant sa publication.

le succès de ce récit à travers les âges[5] rend son origine inassignable, et du reste, le poète champenois reflète peut-être malicieusement cette inscription dans une tradition foisonnante à travers la construction de son texte. La multiplication des seuils entraîne en effet un emboîtement des voix : celle du fabuliste, celle de Malherbe, celle plus ancienne encore d'une tradition narrative européenne, dont le poète d'Henri IV aurait trouvé l'écho « en quelque endroit » (v. 27). Ces trois seuils clairement délimités signalent combien l'origine du récit plaisant se perd, reculant toujours plus au fur et à mesure qu'on la cherche. Pourrait-on mieux suggérer l'appartenance de ce motif à un « vieux magasin »[6] de récits plaisants, dont il constitue l'un des fleurons comiques ?

La position liminaire de ce texte place donc le Livre III sous le signe du rire et de la tradition plaisante, ce patrimoine de narrations récréatives regroupant contes grivois, nouvelles, facéties, apophtegmes humoristiques et autres historiettes destinées à chasser la mélancolie depuis la fin du Moyen Âge. Cet apologue incite dès lors le lecteur à s'interroger au sujet de l'influence exercée par cet héritage divertissant (si important pour les *Contes* de La Fontaine) sur les *Fables* qu'il rédigeait parallèlement et notamment sur le Livre III de 1668.

Celui-ci compte trois apologues nettement rattachés à cette tradition plaisante : outre *Le Meunier, son Fils et l'Âne*, *La Goutte et l'Araignée* (III/8) et *La Femme noyée* (III/16) dérivent, selon des modalités qu'on détaillera plus loin, de ce même corpus divertissant. L'origine de ces trois textes les démarque nettement des quinze autres récits du même Livre, presque exclusivement empruntés par La Fontaine à Ésope et Phèdre. Cela montre qu'existe, dès le recueil de 1668, une ligne mélodique ténue mais continue, faisant entendre dans le concert des fables majoritairement « ésopiques » les échos de plaisanteries plus gauloises, elles aussi largement diffusées. Ces textes constituent une veine secondaire de l'œuvre de La Fontaine. Ils y agissent comme un contrepoint tonal et thématique par rapport au corpus de fables hérité de l'Antiquité,

---

5 Voir, par ordre de publication, Rolf Wilhelm Brednich, art. « *Asinus vulgi* » in *Enzyklopädie des Märchens*, R. Brednich & K. Ranke dir., Berlin, De Gruyter, 1975, t. I, 1979, col. 867-873 ; Riesz, János, « Metamorphosen einer Fabel. La Fontaine, *Le Meunier, son Fils et l'Âne* » in Gerhard Schmidt, & Manfred Tietz dir., *Stimmen der Romania. Festschrift für W. Theodor Elwert zum 70. Geburtstag*, Wiesbaden, B. Heymann, 1980, p. 343-357 ; Nils-Arvid Bringéus, « *Asinus vulgi* oder die Erzählung Vater, Sohn und Esel in der europäischen Bildtradition » in *Der Dämon und sein Bild*, Leander Petzoldt, & Siegfried de Rachewiltz dir., Francfort /New York, P. Lang, 1989, p. 153-186 ; Armando Bisanti, « Dall'*exemplum* alla facezia : l'apologo dell'asino » in *Esperienze Letterarie* 19/3 (1994), p. 37-50 ; Antonella Amatuzzi, « La fable intégrée : le motif de l'*asinus vulgi* dans la littérature française des XVIe et XVIIe siècles » in *Le Fablier* 19 (2008), p. 58-63.

6 Voir *La Servante justifiée* dans la deuxième partie des *Contes et Nouvelles en vers*, où cette expression (v. 6) désigne les *Cent Nouvelles Nouvelles* comme un réservoir de récits à adapter pour le conteur.

du Moyen Âge et de la Renaissance ; ils recueillent le legs de ce patrimoine narratif européen à visée ludique, tout en le faisant entrer sur les terres de l'apologue ; ils témoignent de l'élargissement graduel de la gamme des sources où s'abreuve le fabuliste, de l'adjonction progressive de nouveaux rayons à son « vieux magasin ».

Trois fables facétieuses sur dix-huit : la récolte peut sembler plutôt maigre - insuffisante en tout cas pour parler de « série ». Mais ce faible pourcentage ne vaut que si l'on ne prend en considération que les sources d'apologues dont l'origine se ramifie dans ce terreau si fertile de la tradition plaisante. Dès lors que l'on envisage les effets poétiques desdites fables sur leurs voisines, l'hypothèse d'une diffusion par capillarité de leurs caractéristiques facétieuses peut prendre corps. En examinant l'articulation de *La Goutte et l'Araignée* avec *L'Ivrogne et sa Femme* et de *La Femme noyée* avec *Philomèle et Progné*, on se propose donc de montrer comment La Fontaine intègre dans sa pratique de l'apologue des ressorts comiques qu'il emprunte à la tradition plaisante - tout en restant attentif à en limiter les possibles outrances.

Réverbérer le modèle plaisant sur la fable ésopique (III/7-III/8)

Examinons un premier diptyque : celui que forment *La Goutte et l'Araignée* et *L'Ivrogne et sa Femme*. La première fable a une valeur étiologique : par un récit enjoué, elle explique comment la redoutable maladie articulaire a choisi de demeurer dans les palais de riches douillets, tandis que l'arthropode trouve la tranquillité au logis de gens pauvres et peu soigneux. Cette histoire se retrouve aussi bien dans une collection de fables particulièrement diffusée que dans des correspondances ou des recueils récréatifs. Elle a été contée par Pétrarque dans une lettre familière[7], où il la qualifie d' « *anilem fabellam* », d'« histoire de vieille femme ». Elle connut un certain succès dans les écrits des humanistes latins[8] ; on en trouve également une réécriture dans les *Baliverneries et Discours nouveaux d'Eutrapel* de Noël du Fail, où Eutrapel raconte à Polygame cette « apologie non moindre en doctrine qu'en balivernerie »[9] :

---

7   Pétrarque, *Lettres familières / Rerum familiarum*, III, 13, Ugo Dotti éd., André Longpré trad., Paris, Belles Lettres, 2002, t. I, p. 296-301 (lettre à Giovanni Colonna).
8   Othmar Luscinius, *Joci ac sales…*, Augsburg, Simprecht Ruff (typ.), 1524, f° K8v°-L1r°, « Apologus » ; Johann Gast, *Tomvs primus Convivalivm Sermonvm*, Bâle, [Brylinger], 1554, p. 224, « De podagra et musca ».
9   Noël du Fail, *Baliverneries ou contes nouveaux d'Eutrapel* [1548¹] in *Œuvres facétieuses de Noël du Fail*, Jules Assézat éd., Paris, Paul Daffis, 1874, t. I, p. 189.

FIGURE 1
1693, Daniel de la Feuille

FIGURE 2
1693, Daniel de la Feuille

> Vous savez, dit Polygame, l'échange que Jupiter fit des domiciles et habitations entre mes Damoiselles l'Iraigne et la Goutte. A l'Iraigne, à qui aux maisons des grands et riches on faisait mille maux, en abattant, balayant, et rompant ses toiles et filets, fut assigné la maison du laboureur. Et à la Goutte, qui n'avait que mal et tourment aux champs, les Palais et maisons des villes où depuis bien traitée, chauffée, et nourrie, elle est demeurée, ne craignant ou redoutant aucun, fors son ennemi conjuré et mortel, appelé Exercice : car l'eau qu'on pense lui être contraire, est sa vraie nourriture, au jugement même de Galien, parlant des maladies aquatiques.[10]

La mention finale du médecin antique Galien permet de marier la fantaisie et l'érudition en tempérant l'une par l'autre. Il faut également mentionner la version proposée par Nicolas Gerbel et insérée dans l'*Æsopus Dorpii*[11], une collection humaniste de fables qui a connu la diffusion la plus large et sans doute la plus décisive à l'époque moderne. La Fontaine reprend donc un canevas narratif particulièrement diffusé. Les quelques versions écrites citées ne sont que les traces matérielles, forcément parcellaires et tronquées, de conversations enjouées où ce genre de plaisanteries circulait, se riant des genres, des frontières, des époques. Ce récit humoristique mettant en scène la goutte et l'araignée, que certaines versions présentent parfois comme raconté par une vieille femme, permet en tous cas de souligner l'imbrication entre culture savante et culture « populaire », belles-lettres et pratiques conversationnelles, plaisanteries et savoirs.

On situerait intuitivement l'origine de *L'Ivrogne et sa Femme* (III/7) dans ce même ensemble de narrations plaisantes, tant il semble, à la lecture, que cette fable ne détonnerait pas dans un recueil de bons contes :

> Chacun a son défaut, où toujours il revient :
>   Honte ni peur n'y remédie.
>   Sur ce propos, d'un conte il me souvient :
> Je ne dis rien que je n'appuie
>   De quelque exemple. Un suppôt de Bacchus
> Altérait sa santé, son esprit et sa bourse.

---

10 Version synthétique des *Contes et discours d'Eutrapel* [1598¹], éd. cit., t. I, p. 286.
11 Nicolas Gerbel [Gerbelius] est l'auteur d'un *Apologus lepidissimus de aranea et podagra*, intégré dès l'édition strasbourgeoise de décembre 1516, par Mathias Schürer, de la compilation scolaire de Martin Dorp et Adriaan Van Baerland (voir Paul Thoen, « *Aesopus Dorpii* : Essai sur l'Ésope latin des temps modernes » in *Humanistica Lovaniensia* 19 (1970), p. 241-316, notamment p. 251 et 292).

Telles gens n'ont pas fait la moitié de leur course
  Qu'ils sont au bout de leurs écus.
Un jour que celui-ci, plein du jus de la treille,
Avait laissé ses sens au fond d'une bouteille,
Sa femme l'enferma dans un certain tombeau.
  Là, les vapeurs du vin nouveau
Cuvèrent à loisir. À son réveil il treuve
L'attirail de la mort à l'entour de son corps :
  Un luminaire, un drap des morts.
Oh! dit-il, qu'est ceci ? Ma femme est-elle veuve ?
Là-dessus, son épouse, en habit d'Alecton,
Masquée et de sa voix contrefaisant le ton,
Vient au prétendu mort, approche de sa bière,
Lui présente un chaudeau propre pour Lucifer.
L'époux alors ne doute en aucune manière
  Qu'il ne soit citoyen d'enfer.
Quelle personne es-tu ? dit-il à ce fantôme.
  La cellérière du royaume
De Satan, reprit-elle ; et je porte à manger
  À ceux qu'enclôt la tombe noire.
Le mari repart sans songer :
Tu ne leur portes point à boire ?

Pourtant, il n'en est rien. Les mésaventures de cette épouse confrontée à l'ivrognerie invétérée de son conjoint remontent au corpus ésopique le plus canonique et ont été diffusées uniquement dans les recueils de fables[12]. Cette origine semble empêcher que l'on parle ici de fable plaisante. Mais cela implique en réalité que si la coloration facétieuse de l'apologue semble indéniablement contribuer au plaisir que produit la lecture du texte, c'est pleinement à La Fontaine, et non à ses prédécesseurs, qu'il faut l'attribuer. Les modifications qu'opère le fabuliste sur la trame ésopique originelle vont en

---

12 Il s'agit là du motif 246 de la classification de Ben Edwin Perry (« Analytical Survey of Greek and Latin Fables in the Æsopic Tradition », en appendice de *Babrius and Phaedrus*, Cambridge, Harvard University Press / Londres, W. Heinemann, 1965, p. 471). L'apologue figure dans les grandes entreprises humanistes de réfection de la fable antique : voir les éditions d'Alde Manuce (*Habentur hoc volumine haec, videlicet : Vita & Fabellae Aesopi, cum interpretatione latina, ita tamen ut separari a graeco possit pro uniuscujusque arbitrio...*, Venise, Alde Manuce, 1505, section « Incertus interprete », f° C3r°-v°) et d'Isaac Nevelet (*Mythologia Æsopica, in qua Æsopi fabulæ græcolatinæ CCXCVII...*, Francfort, Typis Nicolai Hoffmanni, impensa Ioæ Rosæ, 1610, p. 149-151).

effet dans le sens d'une accentuation de son potentiel comique par un rapprochement avec le modèle du conte à rire.

L'antéposition de la moralité, tout d'abord, permet de mettre en valeur la chute épigrammatique : « Tu ne leur portes point à boire ! » (v. 28). Or les versions plus anciennes de cette fable se privaient de cette possibilité, en faisant suivre l'exclamation du mari par une réaction affligée de son épouse, puis par la moralité[13] ; cette redondance didactique, propre au genre de la fable par l'enchaînement du récit et de la moralité, désamorçait l'effet comique de la réaction effarée du mari par une accumulation de commentaires. La Fontaine, au contraire, rend à cette « repartie » du faux mort toute sa force en l'isolant à la fin de son texte : la satire de l'ivrognerie s'avère d'autant plus efficace qu'elle s'appuie sur un éclat de rire du lecteur, amené ensuite à conclure que le naturel d'un individu est inaltérable. On observe donc, par ce choix structurel, un rapprochement de la fable lafontainienne avec le modèle de l'histoire drôle, reposant elle aussi sur une chute inattendue et révélatrice.

La satire de l'ivrognerie constitue un autre point de rapprochement, thématique cette fois, avec la tradition plaisante : nombre de bons mots d'ivrognes émaillent les compilations récréatives de la Renaissance et du XVIIe siècle – dans la nouvelle 77 des *Nouvelles Récréations et Joyeux Devis* de Bonaventure Des Périers, par exemple :

> [L'ivrogne Janicot] avoit les yeux bordez de fine escarlatte : et un jour qu'il y avoit mal, sa femme luy fit deffendre par un medecin d'eau douce qu'il ne beust point de vin ; Mais on eust faict avec luy tous les marchez plus tost que celuy la ; Car il aymoit mieulx perdre les fenestres que toute la maison[14].

---

13   Ainsi : « Une femme avait pour mari un ivrogne. Voulant le délivrer de son vice, elle imagina la ruse suivante : lorsqu'elle eut observé que son mari était hébété par l'ivresse et inconscient comme un mort, elle le prit sur ses épaules, l'emporta au cimetière, où elle l'allongea, puis s'en alla. Quand elle estima qu'il devait avoir recouvré ses sens, elle vint frapper à la porte du cimetière. "Qui frappe à la porte ? demanda l'ivrogne. – C'est moi, répondit la femme, celui qui s'occupe de nourrir les morts." L'ivrogne s'écria : "Ne m'apporte pas à manger, brave homme, mais à boire ! Tu m'affliges à me rappeler la nourriture au lieu de la boisson !" Alors la femme s'exclama en se frappant la poitrine : « Ah ! Malheureuse que je suis ! Ma ruse n'a servi à rien ; car toi, mon mari, non seulement cela ne t'a pas servi de leçon, mais tu t'es avili toi-même : ton vice s'est emparé de toi." L'apologue montre qu'il ne faut pas laisser s'invétérer les mauvaises conduites, car il vient un moment où l'habitude s'impose à l'homme même contre son gré. » (*Vie et Fables d'Ésope*, n° 246, Antoine Biscéré éd., Julien Bardot trad., Paris, Gallimard, à paraître).

14   Bonaventure Des Périers, *Nouvelles Récréations et Joyeux Devis* [1558], éd. Krystyna Kasprzyk, Paris, STFM, 1980, p. 274. Cette réponse joyeuse et fataliste, prenant résolument

Comme plus tard chez La Fontaine, la réprobation envers l'ivrognerie, soumission irrépressible à un besoin néfaste pour le corps, coexiste avec une certaine indulgence envers les traits comiques qu'engendre cette manie, volontairement ou non.

La fable de La Fontaine, enfin, dit s'appuyer sur un « conte » (v. 3) pour prouver le caractère inaltérable d'un mauvais tempérament ; il s'agit peut-être d'un clin d'œil malicieux du fabuliste à la nouvelle de Boccace (III, 8) où un mari jaloux, Féronde, est enfermé dans un caveau qu'on lui présente comme le Purgatoire, jusqu'à ce qu'il promette de ne plus soupçonner sa femme d'infidélité. La Fontaine, en 1674, en proposera une réécriture dans les *Nouveaux contes*. La mystification funèbre implique en tous cas la convocation d'éléments culturels peu fréquents dans la tradition ésopique, comme la représentation d'un au-delà (païen ou chrétien) spécifiquement réservé aux hommes.

L'Ivrogne et sa Femme, malgré son origine ésopique, gagne par ces choix d'écriture une tonalité nettement plaisante, encore renforcée par son voisinage avec *La Goutte et l'Araignée*, récit diffusé, on s'en souvient, dans certains textes de la tradition récréative. Une telle juxtaposition n'est pas sans effet sur la réflexion que le fabuliste cherche à susciter chez son lecteur. L'enchaînement d'une fable à l'autre est assuré par un même renvoi à l'Enfer : le lieu où se trouve le mari assoiffé et incorrigible est également le lieu qui produit les deux fléaux des hommes et qui, personnifié, leur attribue un logis :

> Quand l'Enfer eut produit la Goutte et l'Araignée,
> Mes filles, leur dit-il, vous pouvez vous vanter
>   D'être pour l'humaine lignée
>   Également à redouter. (III/8, v. 1-4)

Le diptyque met ainsi l'accent sur les déficiences de la condition humaine, frappée d'addictions mortifères ou de maladies chroniques – imperfections d'ordre physique, rarement abordées dans les *Fables*[15]. La convocation d'un modèle d'écriture facétieux permet ainsi d'élargir la gamme des sujets abordés par le fabuliste, en explorant ici avec humour les misères d'un corps souffrant, dont il faut savoir s'accommoder de façon lucide. Dans les deux cas, la visée est moins morale que satirique : visant d'abord les buveurs invétérés, ensuite les

---

le parti de la dive bouteille, se trouve encore dans les *Plaisantes journées du sieur Favoral* (édition de 1644), Philomneste Junior [Pierre Gustave Brunet] éd., Genève, J. Gay et fils, 1868, p. 56, « Plaisante response d'un bon beuveur ».

15 Quelques exceptions notables sont offertes par *La Mort et le Malheureux* (I, 15), *Le Lion devenu vieux* (III, 14) ou *La Mort et le Mourant* (VIII, 1).

médecins qui « font aller le mal toujours de pis en pis » (III/8, v. 42), ces apologues n'ont pas pour ambition de proposer une maxime de haute tenue doctrinale, mais plutôt de faire accepter des maux affectant de manière récurrente l'humanité - si possible en en faisant l'objet du sourire, première étape du détachement. L'écriture permet en effet un changement de regard par la fiction macabre qui permet soudain de voir l'existence depuis la tombe (mais pour constater que rien ne change), puis par l'empathie fantaisiste envers les soucis de la goutte et l'araignée. L'enfer qu'imposent à l'homme ses infirmités physiques ou ses addictions morbides s'en voit, sinon allégé, du moins mis à distance par l'enjouement de la narration.

L'enchaînement reliant *L'Ivrogne et sa Femme* et *La Goutte et l'Araignée* montre que les caractéristiques plaisantes de l'apologue, quand celui-ci dérive du patrimoine de la narration récréative de la Renaissance, exacerbent par capillarité celles de ses voisines. En choisissant de grouper ces deux textes, La Fontaine rend sensible sa pratique de la contagion tonale : le récit étiologique emprunté peut-être aux *Contes et Discours d'Eutrapel*, recueil bigarré du XVIe siècle, renforce encore par sa proximité les caractéristiques comiques que le canevas ésopique stigmatisant l'alcoolisme n'exploitait pas, ou peu. Mais le mouvement est, bien sûr, à double sens : si la fable 8 éclaire la nature plaisante de la fable 7, celle-ci, en retour, aiguille la réflexion du lecteur vers la question des tares affectant l'humanité, à laquelle, peut-être, nous n'aurions pas été aussi sensibles si les deux apologues avaient été trop éloignés. De la confrontation des deux fables naît le sourire, condition nécessaire pour la réflexion.

L'identification d'une source plaisante ne suffit donc pas pour qualifier une fable de facétieuse ; ce que La Fontaine emprunte au patrimoine des narrations récréatives, ce sont, tout autant que des motifs à réécrire, des procédés stylistiques, un art de la plaisanterie bien troussée, une attitude souriante et lucide face à l'existence, dont *L'Ivrogne* offre un exemple éclatant. La « gaieté » gaillarde qui sourd alors de ces appariements ne découle pas directement de l'*inventio* de ces récits, qui peuvent provenir en droite ligne de la tradition didactique, mais d'un jeu unissant savamment l'*elocutio* et la *dispositio* de l'œuvre. La contagion tonale qui s'opère à partir de la verdeur du patrimoine plaisant crée ainsi un halo facétieux, étendu à l'apologue entier – indépendamment de son origine – et à son environnement.

Tempérer le rire gaillard (III/15 – III/16)

Le diptyque étudié précédemment proposait une réflexion lucide sur les tares très concrètes affectant la chair même des hommes, en étendant à un canevas

FIGURE 3
1693, Daniel de la Feuille

FIGURE 4
1693, Daniel de la Feuille

ésopique l'enjouement fataliste de la tradition plaisante. Un autre aspect essentiel que celle-ci permet d'évoquer est le thème de la différence des sexes et des représentations qui s'y attachent[16], souvent stéréotypées et peu amènes envers la gent féminine. Dans ce cas, toutefois, l'intégration de plaisanteries misogynes au cœur des *Fables* nécessite bien des précautions.

Rappelons qu'au moment où La Fontaine publie son œuvre, la question de la représentation des femmes est reposée à nouveaux frais. Entre 1640 et 1660 s'est en effet épanoui un nouvel idéal social, littéraire et amoureux, celui de la galanterie. « Modèle de distinction et de savoir-vivre », modèle de production de textes charmants dont les inspirateurs seraient Vincent Voiture et Paul Pellisson, modèle culturel récupéré par une monarchie avide de plaire pour établir sa légitimité nouvelle, la « France galante » étudiée par Alain Viala[17] repose pour une large part sur un sourire de bon ton, indice d'une connivence enjouée entre interlocuteurs spirituels, et sur la valorisation des femmes[18]. Le beau sexe, dont le jugement n'est pas perverti par une éducation trop rigide, dispose d'un bon goût naturel, qui fait de lui l'arbitre des élégances mondaines et poétiques : telle est l'opinion généralement admise. La Fontaine lui-même y souscrit quand, par exemple, il dédie son *Second Recueil* à Mme de Montespan, en établissant un parallèle explicite entre les charmes de la favorite de Louis XIV et ceux qu'il espère avoir conférés aux vieux apologues ésopiques ou orientaux. Dès lors, quand triomphe cette nouvelle vulgate galante, comment reprendre des récits qui ménagent fort peu la délicatesse féminine ? Le pari semble risqué. La Fontaine le relève pourtant dans ses *Contes*[19], mais aussi dans quelques fables, notamment avec *La Femme noyée* (III/16).

---

16   Bien sûr, certains apologues ésopiques abordent le sujet, souvent dans un esprit satirique qui brocarde les défauts des femmes. *L'Homme entre deux Âges et ses deux Maîtresses* (I/17) ou *Le Mal Marié* (VIII/2) se rattachent clairement, dans l'œuvre de La Fontaine, à ce sous-ensemble du patrimoine de la fable. Mais il s'agit d'apologues relativement éloignés du modèle prototypique du genre, soit un récit qui met le plus souvent en scène des animaux dans un but moins satirique que moral. En revanche, les histoires drôles jouent depuis toujours sur les rapports entre les sexes, tantôt pour en faire le moteur de leur dynamique narrative, dans le cas de nouvelles grivoises comme celles du *Décaméron*, tantôt comme ressort prévisible mais efficace de plaisanteries éculées stigmatisant les défauts des deux sexes.

17   Alain Viala, *La France galante. Essai historique sur une catégorie culturelle, de ses origines jusqu'à la Révolution*, Paris, PUF, 2008.

18   Sur le rôle civilisateur des femmes dans la culture galante, voir A. Viala, *Ib.*, p. 128-130.

19   Voir sur ce point Marie-Odile Sweetser, « Images féminines chez La Fontaine : traditions et subversions » in *Correspondances. Mélanges offerts à Roger Duchêne*, Wolfgang Leiner et Pierre Ronzeaud éds, Aix-en-Provence, Publications de l'université de Provence, 1992, p. 201-213.

Ce récit, qui reproduit un bon mot douteux sur l'esprit de contradiction féminin, était diffusé dans quelques recueils de fables, mais aussi et surtout dans des compilations divertissantes de la première modernité[20] - à commencer par les *Facéties* du Pogge, déjà évoquées pour *Le Meunier, son Fils et l'Âne* - où les plaisanteries misogynes ne manquaient pas. La Fontaine, qui les connaissait sans doute, n'en conserve cependant pas toute la verdeur gaillarde. La comparaison de sa fable avec les versions antérieures du motif de la femme noyée révèle en effet que le fabuliste adoucit les aspérités de la raillerie misogyne, afin d'éviter de heurter la sensibilité de son public galant et, pour une large partie, composé de lectrices. Nous avons ainsi montré ailleurs[21] que plusieurs interventions de La Fontaine sur la trame originale permettent de désamorcer le caractère trop misogyne de cette historiette : l'effacement de toute discorde conjugale ; la condamnation du plaisantin, qui n'est plus le mari mais un importun « qui se raillait assez hors de saison » (III/16, v. 25) ; l'éloge initial des femmes, dont l'esprit de contradiction ne semble plus un défaut inné ou, du moins, exclusif. Nous souhaiterions insister ici sur un autre facteur d'atténuation de la trame gaillarde : le voisinage de *La Femme noyée* avec *Philomèle et Progné*.

Comme sa voisine, cette fable ne s'abreuve pas à la source ésopique qui irrigue le plus souvent les apologues du recueil de 1668 ; il s'agit cette fois de la réécriture poétique d'un mythe antique, sans doute à partir de la version qu'en avait proposée Ovide dans ses *Métamorphoses* (livre VI, v. 412-674). Dans celle-ci, Térée, le mari de Procné, viole sa belle-sœur Philomèle, lui coupe la langue et la séquestre ; mais les deux sœurs parviennent à communiquer grâce à une tapisserie. Pour se venger, Procné tue son propre fils et le donne à manger à son mari, avant de lui révéler la terrible vérité. Philomèle est alors changée en rossignol, et Procné en hirondelle. Ce sont les deux sœurs métamorphosées que La Fontaine fait dialoguer dans sa fable :

---

[20] Nous n'entrons pas ici dans le détail de la diffusion du canevas de la femme noyée, référencé à la fois dans la classification des fables de Ben Edwin Perry (*op. cit.*, n° 682, p. 582-583) et dans le catalogue des motifs folkloriques de Antti Aarne et Stith Thompson, où il figure sous le numéro 1365A, « *Wife Falls into a Stream* » (*The Types of the Folktale: a Classification and Bibliography*, 2nd revision, Helsinki, Suomalainen tiedeakatemia, 1987, p. 406). Pour une étude des versions de ce motif en langue allemande, voir Elfriede Moser-Rath, « Das streitsüchtige Eheweib. Erzählformen des 17. Jahrhunderts zum Schwanktyp ATh 1365 » in *Rheinisches Jahrbuch für Volkskunde* 10 (1959), p. 40-50 ; repris dans *Kleine Schriften zur populären Literatur des Barock*, Ulrich Marzolph, & Ingrid Tomkowiak éds, Göttingen, Schwarz, 1994, p. 271-281. Voir également la notice que Jean-Pierre Collinet consacre à ce texte dans son édition des *Fables*, Paris, Gallimard, « Bibliothèque de la Pléiade », 1990, p. 1105-1106.

[21] Nous nous permettons de renvoyer à notre article « De la facétie à la galanterie ? Une articulation problématique (1643-1668) » in *XVIIe siècle* 274 (janvier-mars 2017), p. 113-128.

Autrefois Progné l'Hirondelle
De sa demeure s'écarta,
Et loin des villes s'emporta
Dans un bois où chantait la pauvre Philomèle.
Ma sœur, lui dit Progné, comment vous portez-vous ?
Voici tantôt mille ans que l'on ne vous a vue :
Je ne me souviens point que vous soyez venue
Depuis le temps de Thrace habiter parmi nous.
Dites-moi, que pensez-vous faire ?
Ne quitterez-vous point ce séjour solitaire ?
Ah ! reprit Philomèle, en est-il de plus doux ?
Progné lui repartit : Eh quoi cette musique
Pour ne chanter qu'aux animaux ?
Tout au plus à quelque rustique ?
Le désert est-il fait pour des talents si beaux ?
Venez faire aux cités éclater leurs merveilles.
Aussi bien, en voyant les bois,
Sans cesse il vous souvient que Térée autrefois
Parmi des demeures pareilles
Exerça sa fureur sur vos divins appas.
Et c'est le souvenir d'un si cruel outrage
Qui fait, reprit sa Sœur, que je ne vous suis pas :
En voyant les hommes, hélas !
Il m'en souvient bien davantage.

Le texte d'origine mythologique joue ici sur la mémoire du lecteur, car seul le viol de Philomèle par Térée est évoqué, et encore de manière périphrastique (v. 18-20). La réécriture masque donc à dessein le caractère sanglant et tragique d'un mythe cumulant viol, inceste, mutilation, infanticide et anthropophagie – que le tableau de Rubens peint environ trente ans plus tôt, *Le Festin de Térée*, restituait par une composition monumentale cherchant à susciter l'effroi du spectateur. La fable de La Fontaine, en revanche, préfère une réécriture délicatement mélancolique du mythe ovidien, en tempérant le rappel lancinant d'un traumatisme ineffaçable par la peinture séduisante d'un retrait loin du monde et de la folie des hommes. La fable, qui ne comporte pas de moralité, s'achève sur un constat désespérant, dans une chute inattendue jouant sur un effet de tragique contenu[22].

---

22 Marie-Claire Châtelain, qui a étudié les réécritures galantes, pastorales ou burlesques du mythe de Philomèle au XVIIe siècle, affirme que la fable de La Fontaine qui lui est consacrée « poursui[t] l'idéal d'une poésie qui joue moins des effets de décalage que de la

Cet apologue éclaire de façon nouvelle les inflexions gaillardes de *La Femme noyée*. Le fait que cette fable soit précédée par une vignette pastorale, où la violence du mythe antique s'épure dans un chant délectable, signale l'empathie du fabuliste pour la gent féminine. Le canevas facétieux gagne ainsi une coloration pathétique par son association inattendue avec l'épisode mythologique : n'est-il pas question, dans les deux cas, de femmes victimes d'un « sort déplorable » ? S'impose également, dans chacune des fables, un art de l'atténuation des hypotextes : la violence sanglante du mythe antique est sublimée dans une langue particulièrement mélodieuse, qui mime l'enchantement procuré par le chant du rossignol ; la charge misogyne de la plaisanterie un peu datée n'est plus évoquée qu'au second degré, donnant lieu à un hommage inattendu du fabuliste aux charmes féminins[23]. Cette euphémisation des comportements excessifs, qu'elle concerne la pulsion de mort ou le rire agressif, est renforcée par la juxtaposition des deux fables, la pastorale secrètement tourmentée venant équilibrer la saveur douteuse d'un bon mot qui n'en est plus vraiment un. En 1668, l'illustration même semble suggérer une parenté secrète entre les deux apologues, les deux vignettes de Chauveau pouvant être rattachées à un seul paysage, à la fois bucolique et traversé par la douleur immémoriale dans un cas, récente dans l'autre.

La lecture en série des deux fables rend donc sensible à une souffrance masquée, sublimée peut-être par la plaisanterie. En somme, le fabuliste, dans *La Femme noyée*, ne reprendrait le mot douteux que pour mieux faire valoir, par contraste, son propre raffinement, son sens de la mesure et de la nuance, la délicatesse de goût que *Philomèle et Progné* aurait déjà illustrée à la page précédente. Certes … à cela près que la fin de la fable 16 fragilise cette interprétation par une nouvelle pirouette :

> Quant à l'humeur contredisante,
> Je ne sais s'il avait raison.
> Mais que cette humeur soit, ou non,
> Le défaut du sexe et sa pente,
> Quiconque avec elle naîtra

---

conjonction intime du galant et du pathétique, [...] en faisant de Philomèle la figure emblématique de cette lyrique galante » (voir « La figure galante de Philomèle » in *Philomèle. Figures du rossignol dans la tradition littéraire et artistique*, Véronique Gély, Jean Louis Haquette et Anne Tomiche éds, Clermont-Ferrand, Presses Universitaires Blaise-Pascal, 2006, p. 119-134 ; citation p. 126).

23 « Je ne suis pas de ceux qui disent : Ce n'est rien ; / C'est une femme qui se noie. / Je dis que c'est beaucoup ; et ce sexe vaut bien / Que nous le regrettions, puisqu'il fait notre joie » (III/16, v. 1-4).

>   Sans faute avec elle mourra,
>   Et jusqu'au bout contredira,
>   Et, s'il peut, encor par delà. (III/16, v. 26-33)

Alors que le fabuliste avait condamné l'intervention importune et grossière qui raillait le caractère revêche des femmes, les quatre derniers vers miment par leur rime très insistante une obstination opiniâtre, comme si le naturel humain (et non plus seulement féminin), spontanément porté à la contradiction, interdisait de disqualifier complètement la satire qui la brocarde. Cette conclusion marque ainsi un retour à la considération qu'avait déjà avancée le poète au début de *L'Ivrogne et sa Femme*, soit d'une fable à la coloration nettement facétieuse : « Chacun a son défaut où toujours il revient ... » (III/7, v. 1). Comme le naturel, dont il est justement question dans ces deux apologues, la plaisanterie revient au galop dès qu'on la chasse. Cet ultime renversement atténue donc l'atmosphère mélancolique qu'avait instaurée la proximité de *Philomèle et Progné* par un retour à la verdeur comique du canevas facétieux. Il révèle combien la reprise de la tradition plaisante se fait toujours sur le mode du second degré, oscillant entre mise à distance diplomate et amusée du propos misogyne et adhésion plus ou moins feinte à celui-ci, en raison du potentiel de sagesse qu'il pourrait receler. L'instabilité de l'énonciation, tantôt pathétique, tantôt galante, tantôt gaillarde, devient ainsi le gage de la capacité de La Fontaine à reprendre élégamment des contes grivois un peu datés, compatibles avec le « badinage » mondain en raison de l'appréhension souriante et prudente dont ils font l'objet de la part du poète.

Conclusion

Au seuil du Livre III, La Fontaine écrit :

>   La Feinte est un pays plein de terres désertes :
>   Tous les jours nos auteurs y font des découvertes. (III/1, v. 5-6)

Parmi ces marges méconnues que le fabuliste a fréquentées et exploitées, il faut compter la région de la narration récréative qu'il avait déjà commencé à arpenter en tant que conteur. Contrée peu frayée du pays de la Feinte, surtout quand la fiction se met au service d'un impératif didactique, l'univers facétieux fournit à La Fontaine des sujets originaux, qui vivifient l'héritage ésopique par leur verve gaillarde et leur décalage thématique. Le poète manifeste son goût et son souci de la diversité en disposant avec économie, mais aussi avec régularité, ces apologues d'inspiration facétieuse au sein de ses recueils de fables, et notamment au début, au milieu et à la fin du Livre III.

Les modalités d'appropriation de cet héritage sont diverses. La reprise directe de motifs anciens, comme dans *Le Meunier, son Fils et l'Âne*, en est une forme ; mais on a vu que le fabuliste exploite aussi leurs caractéristiques structurelles, thématiques, tonales ou lexicales pour les intégrer avec doigté dans la forme éminemment malléable de l'apologue ésopique. C'est au niveau de chaque fable, ou d'un enchaînement de quelques fables, que l'on peut observer la présence ou l'absence de liens avec la tradition plaisante, tant les textes de La Fontaine résistent aux raccourcis réducteurs et aux interprétations définitives. Dans la tissure de l'œuvre se jouent, toujours recommencées, des négociations incessantes entre le souci moral, l'anticipation des attentes du public et la reprise de plusieurs héritages narratifs, plus complémentaires que réellement concurrents.

Malgré la diversité de ces appropriations, tout converge vers l'idée maîtresse que La Fontaine défend dans la préface de ses *Fables* :

> C'est ce qu'on demande aujourd'hui. On veut de la nouveauté et de la gaieté. Je n'appelle pas gaieté ce qui excite le rire ; mais un certain charme, un air agréable, qu'on peut donner à toutes sortes de sujets, même les plus sérieux.

La *gaieté*, terme alors peu utilisé pour désigner une œuvre littéraire, désigne une caractéristique tonale d'enjouement tempéré, fondée sur un feuilletage énonciatif conciliant adhésion et distance par l'efficace d'une grâce piquante. Essentiellement stylistique, cette gaieté s'appuie, pour une part non négligeable, sur ce qu'on pourrait appeler une poétique de la réverbération : un art du décloisonnement générique opérant l'infusion de modèles allogènes dans la trame des apologues anciens (ainsi en III/7 – III/8), nuancée cependant par une conscience très fine des nouvelles modalités du divertissement mondain et l'usage fréquent du second degré (III/15 – III/16).

La réverbération de l'héritage plaisant sur des fables ésopiques, par capillarité et contiguïté, rejoint et rejoue d'autres processus similaires dans l'œuvre maîtresse de La Fontaine, comme la diffusion de l'idée morale dans l'ensemble de la narration, étudiée par Patrick Dandrey[24], ou celle d'une sagesse inspirée du jardin d'Épicure dans les replis du récit, relevée par Jean-Charles Darmon[25].

---

24   Voir Patrick Dandrey, *La Fabrique des* Fables. *Suivi de : Pour lire et comprendre (enfin ?)* La Cigale et la Fourmi, éd. revue, corrigée et augmentée, Paris, Klincksieck, 2010.

25   Voir Jean-Charles Darmon, *Philosophie épicurienne et Littérature au XVIIe siècle en France :*

Revenir sur les rapports unissant le fabuliste et la tradition facétieuse permet ainsi de mettre au jour un nouveau filtre qui s'ajoute à ceux déjà connus, pour restituer le regard irisé et subtil que le poète portait sur l'existence et la création littéraire.

Etudes sur Gassendi, Cyrano de Bergerac, La Fontaine, Saint-Evremond, Paris, PUF, 1998 ; *Philosophies de la Fable : La Fontaine et la Crise du Lyrisme*, Paris, PUF, 2003.

Bornons ici cette carrière ... La fin du *Premier Recueil* et les pratiques sérielles dans les fabliers pré-lafontainiens

Paul J. Smith

Dans l'*Épilogue* qui clôt les *Fables choisies* de 1668, La Fontaine marque la fin de son écriture de fabuliste, fin qui, on le sait, ne sera pas définitive, mais se révélera pause avec la parution de ses autres recueils. Voici comment, en recourant à un ensemble dense d'images métadiscursives et autoréférentielles, le poète annonce cette fin ainsi que la reprise de son projet de roman *Les Amours de Psyché et de Cupidon* qu'il avait momentanément laissé en chantier :

> Bornons ici cette carrière.
> Les longs ouvrages me font peur.
> Loin d'épuiser une matière,
> On ne doit prendre que la fleur.
> Il s'en va temps que je reprenne
> Un peu de forces et d'haleine
> Pour fournir à d'autres projets.
> Amour, ce tyran de ma vie,
> Veut que je change de sujets ;
> Il faut contenter son envie.
> Retournons à Psyché (v. 1-11)

En utilisant le mot « carrière », La Fontaine actualise deux acceptions du mot, attestées l'une et l'autre par les dictionnaires de l'époque. La première, « Lieu creusé & profond d'où l'on tire la pierre pour bâtir » (Richelet) et « Lieu qu'on creuse dans un champ pour en tirer la pierre » (Furetière), se retrouve dans l'image « épuiser une matière »[1]. L'image du lieu creusé est traditionnelle : elle fait référence à l'*inventio* rhétorique, comme le rappelle Roland Barthes:

---

[1] Pierre Richelet, *Dictionnaire françois : contenant les mots et les choses, plusieurs nouvelles remarques sur la langue françoise, ses expressions propres, figurées et burlesques, la prononciation des mots les plus difficiles, le genre des noms, le régime des verbes* [...], Genève, J.-H. Widerhold, 1680 ; Antoine Furetière, *Dictionnaire universel, contenant généralement tous les mots françois tant vieux que modernes, et les termes de toutes les sciences et des arts* [...], La Haye, A. et R. Leers, 1690, n.p.

> Toute image conjoignant l'idée d'un espace et celle d'une réserve, d'une localisation et d'une extraction : une *région* (où l'on peut trouver des arguments), une *veine de tel minerai*, [...] une *source*, un *puits*, un *arsenal*, un *trésor*.[2]

L'expression « prendre la fleur », c'est-à-dire prendre le meilleur de la matière, s'insère dans le même champ métaphorique de l'*inventio*, auquel l'acte de choisir, impliqué dans le titre du *Premier Recueil*, *Fables choisies*, réfère aussi.

La seconde acception du mot « carrière » est formulée ainsi par Richelet : « Route, chemin, course, cours de la vie. Tâche ». Furetière développe cette seconde acception en expliquant : « Carrière, se dit figurément en choses spirituelles, & premièrement d'un beau sujet, d'une belle matière où on peut s'exercer à écrire, à discourir ». On remarque que, dans l'*Épilogue* de La Fontaine, les termes « matière », « sujet » et « projet » s'accordent parfaitement à l'explication de Furetière. Cela vaut aussi pour cette autre acception signalée par Furetière : « Carrière, signifie aussi, le terrain, l'étendue d'un champ où on peut pousser un cheval, jusqu'à ce que l'haleine lui manque » ; on note que cette dernière formulation se retrouve dans l'expression « prendre haleine » au vers 6 de l'*Épilogue*.

A partir de ces emplois du mot « carrière », qui impliquent l'idée d'« étapes », de « progression » (voir *Petit Robert*, s.v. « carrière »), de succession et de sérialité, nous nous proposons de démontrer comment la « carrière » est thématisée, explicitée ou autrement rendue visible dans l'ordonnance dispositionnelle des fables du *Premier Recueil*, et plus particulièrement dans les dernières fables du Livre VI, qui, dans un sens, préparent la fin de la « carrière » dont parle l'*Épilogue*. Mais il convient préalablement de donner un aperçu des modèles dispositionnels que les fabulistes qui le précèdent pouvaient lui proposer. Cela aide non seulement à évaluer l'originalité de La Fontaine, mais aussi à comprendre comment notre fabuliste procède avec ces modèles dipositionnels : comment il les imite, les transforme ou s'en distancie.

Pratiques dispositionelles : les *Fables d'Esope* (1659) de Trichet du Fresne

Comment ouvrir et terminer une collection de fables ? Comment la structurer ? Voilà des questions auxquelles les fabulistes de tous temps ont répondu, mais très diversement. Ainsi, le premier recueil de fables connu, celui de

---
2   Roland Barthes, « L'ancienne rhétorique. Aide-mémoire » in *Communications* 16 (1970), p. 206.

Démétrios de Phalère (vers 360 av. J.-C – 282 av. J.-C.), présente l'ordre le plus arbitraire : les fables sont disposées alphabétiquement selon la première lettre du nom de l'un des personnages, tel qu'il est donné dans le titre de la fable en question. Cet ordre sert un but pratique : il permet de trouver ou retrouver plus facilement telle fable pour son utilisation dans la pratique rhétorique ou scolaire. Si l'ordre alphabétique n'est plus utilisé dans les fabliers prémodernes, la nécessité de retrouver les fables dans les collections toujours grandissantes persiste. C'est pourquoi plusieurs fabulistes et leurs éditeurs depuis Steinhöwel, Macho et Leeu, ajoutent, en fin de parcours, des index souvent détaillés. La conséquence en est que l'ordre des fables dans les recueils mêmes devient plus libre : il peut devenir plus ou moins motivé.

Outre les index, une autre solution pour rehausser l'accessibilité des fabliers consiste à ordonner les fables selon leurs protagonistes : on rassemble toutes les fables dans lesquelles figurent le lion, le renard, le chien, l'âne, etc, tout en négligeant, il est vrai, les nombreuses fables qui présentent deux protagonistes à la fois, comme le lion et le renard. Certains fabliers vont très loin dans cette disposition par protagonistes. Citons, à titre d'exemple, les *Fables d'Esope* (1659)[3] de Trichet du Fresne, qui réutilisent les cuivres de Gilles Sadeler gravés près d'un demi-siècle plus tôt pour son recueil allemand *Theatrum morum* (1608)[4] et que La Fontaine a pu connaître. Ce recueil, peu connu des spécialistes de La Fontaine, est particulièrement intéressant pour notre sujet : c'est qu'il montre plusieurs tendances dispositionnelles, typiques de la production fablière. Sa structure globale, d'abord, repose sur les protagonistes : après une fable qui embrasse le règne entier des animaux (*Des Oiseaux, & des Animaux à quatre pieds*), le recueil continue avec dix fables sur le roi des animaux, le lion. Suivent dix fables sur le renard, sept fables sur le cheval, et ainsi de suite. Cependant, cette ordonnance s'avère contreproductive : sa fonction mémorative par groupe s'amoindrit ; le lecteur s'y perd, il risque de confondre, par exemple, les quatre fables au titre identique *Du Cheval, & de l'Asne* (fables 25-28), confusion dont témoigne aussi l'imprimeur, qui, confronté à une série de quatre fables sur des oiseaux de proie, s'est trompé dans l'ordre des figures des fables 96 et 97, interverties avec les fables 98 et 99.

---

3   [Raphaël Trichet du Fresne], *Figures diverses tirées des Fables d'Esope et d'autres et expliquées par R.D.F.*, Paris, s.n., 1659.

4   [Gilles (Aegidius) Sadeler], *Theatrum morum. Artliche gesprach der Thier* [...], Prague, Paul Sesse, 1608. Voir Paul J. Smith, "Cognition in Emblematic Fable Books: Aegidius Sadeler's *Theatrum morum* (1608) and Its Reception in France (1659-1743) in *Cognition and the Book. Typologies of Formal Organisation of Knowledge in the Printed Book of the Early Modern Period*, Karl A.E. Enenkel et Wolfgang Neuber éds, Leyde-Boston, Brill, 2005, p. 161-185.

Ce n'est pas tout : le recueil de Trichet du Fresne montre aussi deux autres tendances dispositionnelles. La première, visible dans la distribution globale des fables, reflète en quelque sorte la vision d'une histoire naturelle hiérarchisée. Le recueil commence par les fables portant sur le lion ; suivent les animaux de moindre importance, les animaux exotiques et/ou fabuleux, les oiseaux, et dernièrement l'homme. Cet ordre confère donc, aux deux bouts du recueil, une place supérieure au lion et à l'homme. La seconde tendance se remarque dans l'ordre des fables à l'intérieur de chaque groupe : ce groupement suggère une séquence thématique, et parfois narrative. Regardons par exemple les dix fables de Trichet du Fresne consacrées au lion. Les quatre premières présentent le lion chassant avec d'autres animaux, les deux suivantes le montrent trompé respectivement par le renard et le cheval, les quatre dernières thématisent la force du lion en gradation descendante : sa force étant supérieure à celle de l'homme, égale à celle du sanglier, faible lorsqu'il est pris dans un filet et libéré par une souris, et enfin nulle lorsque, devenu vieux, il devient le sujet des moqueries des autres animaux qui se vengent sur lui. De même, à la fin du recueil, les dix dernières fables portent sur l'homme : deux fables sur le forgeron et sa forge (fables 130-131), une sur le jeune homme insouciant qui pense qu'une hirondelle fait le printemps (fable 132), trois sur des paysans (fables 133-135), une sur le centaure et la femme (fable 136), une sur l'esclave et l'âne (fable 137), une sur les deux animaux (le perroquet et le singe) qui contrefont l'homme (fable 138), et enfin, la fable *Du Vieillard & de la Mort* (fable 139), soit une fable qui termine aussi, et assez logiquement, plusieurs autres recueils ésopiques.

Ce qui est remarquable, c'est que la sérialité narrative (si elle existe) de ce recueil n'est jamais explicitée, comme cela se fait régulièrement dans certains autres recueils, comme par exemple ceux de Corrozet (1542) ou de Haudent (1547), ou celui, plus proche de La Fontaine, de John Ogilby (1651)[5]. Dans ce dernier recueil, que La Fontaine a probablement connu, les titres et les premiers vers des fables explicitent la sérialité narrative en utilisant des formules toutes faites : la fable *Of Jupiter and the Asse* (fable 68) est suivie d'une autre intitulée *Of the same Asse* (fable 69), qui est, à son tour, suivie de la fable *Of the same Asse and his Lyons Skin* (fable 70).

Une autre tendance assez fréquente, mais qu'on ne trouve pas dans le fablier de Trichet du Fresne, est l'ordonnance par morale. Ainsi, certains fabliers gardent pour la fin les fables comportant une réflexion religieuse sur la mort. *L'Esbatement moral des animaux* (Anvers, 1578) et sa traduction latine

---

5   John Ogilby, *Aesop Paraphras'd*, Londres, Thomas Warren pour Andrew Crook, 1651, rééditions remaniées et luxueuses en 1665 et 1668. Voir Paul J. Smith, « Les fabliers de John Ogilby : texte et illustration » in *Le fablier* 24 (2013), p. 89-97.

Mythologia ethica (Anvers, 1579) se terminent par exemple sur trois fables sur la mort, la résurrection et la piété chrétienne : *Le Cigne et la Cigoigne*, *L'Oiseau Phenix* et, en guise de conclusion, *La Cigogne pieuse*. Une réédition anonyme de *L'Esbatement moral*, intitulée *Les Fables d'Aesope, et d'autres, en rithme françoise* (Haarlem, 1595) ajoute à cette série de trois, de façon traditionnelle, la fable *De l'homme invoquant la mort*[6].

Les pratiques dispositionnelles du recueil de Trichet du Fresne sont d'autant plus intéressantes que ce recueil est issu d'une tradition de fabliers, dont l'ordre est, au contraire, plus ou moins arbitraire, régi par la *variatio*. Nous disons « plus ou moins », pour deux raisons. D'abord parce que l'idéal de la stricte *variatio* est difficilement réalisable : selon cet idéal, qui est en fait un hasard concerté, chaque fable devrait être déconnectée thématiquement et narrativement de la fable précédente et de la fable suivante. Le fablier qui réalise le plus cet idéal de *variatio* est le recueil flamand *De waarachtighe Fabulen der dieren* [*Les Fables véritables des animaux*, Bruges, 1567)[7] du poète Eduard de Dene et illustré par Marcus Gheeraerts. Parmi les 108 fables que compte ce fablier, aucun animal n'apparait dans deux fables consécutives, qui ne sont jamais non plus liées par leur morale.

Cependant, comme nous l'avons montré ailleurs, les recueils de la filiation Gheeraerts-Sadeler, y compris les *Warachtighe fabulen*, présentent tout de même une certaine tendance dispositionnelle, parce qu'ils placent dans leurs lieux stratégiques, c'est-à-dire au début et à la fin, des fables qui marquent la nouveauté du recueil par rapport aux prédécesseurs immédiats. Ces fables, mises en lumière par leur position dans le recueil, sont souvent les fables nouvelles du recueil, qui peuvent être d'origine ésopique ou non-ésopique (par exemple pour des sujets empruntés à l'emblématique ou à l'histoire naturelle). Regardons, à ce sujet, le recueil allemand *Theatrum morum*, le modèle immédiat de Trichet du Fresne, qui compte au total 139 fables. Dans ce recueil, 14 des 15 fables nouvelles, inventées par Sadeler, ont été disposées parmi les 29 premières fables, alors que la quinzième, *Vom gefangnen Knecht und Esel*, a été placée à la fin (fable 139). Ici, la distribution des fables sert donc à souligner la nouveauté thématique du recueil par rapport à ses devanciers. Ce faisant, les recueils de la filiation Gheeraerts-Sadeler cherchent à se démarquer de ce qui est d'usage dans les fabliers traditionnels, qui commencent presque tous par *Le*

---

6   Sur ces fabliers, qui sont tous issus de la filiation « Gheeraerts-Sadeler » (les deux illustrateurs les plus importants), voir notre *Het schouwtoneel der dieren. Embleemfabels in de Nederlanden (1567 – ca. 1670)*, Hilversum, Verloren, 2006.

7   Ce fablier, inspiré par le recueil de fables emblématiques de Corrozet, est à la base de la filiation Gheeraerts-Sadeler.

Coq et la Perle, méta-fable par excellence, « la fable de la fable », qui apprend au lecteur à ne pas suivre l'exemple du coq qui méprise la perle (ou le diamant) trouvée (*i.e.* la morale précieuse que contient chaque fable)[8].

Dans leur variation dispositionnelle, les fabliers ressemblent aux recueils d'emblèmes. Ainsi, si dans les premières éditions des *Emblemata* (1531) d'Alciat, on trouve le même idéal de la *variatio*, les éditions ultérieures ordonnent les emblèmes selon les morales, ou les objets : ainsi, tous les emblèmes sur les arbres sont regroupés dans une seule section. Dans d'autres recueils d'emblèmes, comme par exemple le *Mikrokosmos. Parvus mundus* (Anvers, 1579 ; nombreuses éditions et traductions) de Laurens van Haecht Goidtsenhoven (Laurentius Haechtanus) ou les *Symbola et emblemata* (Francfort, 1590-1604, plusieurs rééditions et traduction allemande) de Joachim Camerarius[9], la *dispositio* suit la hiérarchie du monde de la nature.

Voici donc les trois choix dispositionnels les plus importants qu'ont opérés les fabliers pré-lafontainiens : la *variatio* plus ou moins stricte, l'ordonnance sérielle, basée sur l'identité des protagonistes, qui peuvent ou non être impliqués dans une série narrative, et l'ordonnance par morale. D'autres tendances dispositionnelles se rencontrent, et qui sont parfois d'ordre bassement pratique : la disponibilité des illustrations, la difficulté d'écriture ou de traduction. C'est la difficulté d'écriture qui pousse le « Prince des poètes » néerlandais, Joost van den Vondel, à réserver les fables « difficiles » pour la fin de son recueil *De Vorsteliicke Warande der dieren* (*Le Jardin royal des animaux*, Amsterdam, 1617, nombreuses éditions et traduction russe)[10].

La Fontaine : choix dispositionnels

Il est temps de retrouver La Fontaine. A première vue, en ouvrant le *Premier Recueil*, on a l'impression que La Fontaine opte clairement pour la *variatio*, selon son affirmation : « Diversité est ma devise ». Dans ce commencement du

---

[8] Klaus Speckenbach, « Die Fabel von der Fabel. Zur Überlieferungsgeschichte der Fabel von Hahn und Perle » in *Frühmittelalterliche Studien* 12(1978), p. 178-229.

[9] Voir Jan Papy, "Joachim Camerarius's *Symbolorum & Emblematum Centuriae Quatuor*: From Natural Sciences to Moral Contemplation" in *Mundus emblematicus: Studies in Neo-Latin Emblem Books*, K.A.E. Enenkel – A.S.Q. Visser éds., Turnhout, Brepols, 2003, p. 201-234, ainsi que les articles de Karl Enenkel, Sophia Hendrikx et nous-même, consacrés à Camerarius, in *Emblems and the Natural World*, Karl A.E. Enenkel et Paul J. Smith éds., Leyde-Boston, Brill, 2017.

[10] Voir Smith, *Het schouwtoneel der dieren*, p. 46; id., *Dispositio: Problematic Ordering in French Renaissance Literature*, Leyde-Boston, Brill, 2007, p. 164-167.

Recueil, qui est son endroit le plus stratégique, chaque fable diffère de la fable qui précède et de celle qui suit, non seulement au niveau de sa versification, mais surtout à celui de sa structure interne, qui rompt résolument avec la structure bipartite rigide qui domine la fable pré-lafontainienne. Ainsi, la première fable, *La Cigale et la Fourmi*, ne comporte pas de morale explicite ; dans la seconde, *Le Corbeau et le Renard*, la morale est présente et prononcée par un personnage (le Renard) ; dans la troisième, *La Grenouille qui se veut faire aussi grosse que le Bœuf*, elle est formulée par un narrateur extradiégétique, et ainsi de suite. Cette diversité n'est pas seulement visible dans les aspects formels des fables, mais aussi au niveau de leur contenu tant de la morale que de la narration. En effet, chaque fable a une morale différente, mettant au pilori respectivement l'insouciance de la cigale, la crédulité et la vanité du corbeau, et la présomption de la grenouille, et chaque fable se distingue par ses protagonistes, qui diffèrent d'une fable à l'autre ; on note, à ce point de vue, la différence flagrante avec, par exemple, le recueil de Trichet du Fresne. Assez paradoxalement donc, ces premières fables forment un ensemble cohérent qui se définit négativement : leur plus grande unité semble résider paradoxalement dans leur diversité, qu'elles s'efforcent d'afficher non pas par la parole mais par l'exemple.

Cette diversité des premières fables aux niveaux de leur forme et de leur contenu annonce la diversité générale qui caractérise les fables du *Premier Recueil*, à deux exceptions importantes près. La première concerne les « fables doubles », dont le *Premier Recueil* offre quelques exemples. Si le phénomène de la fable double n'est pas de l'invention de La Fontaine (on pense à certains fabliers du Moyen Age, par exemple, ou au premier fablier de John Ogilby), la diversité dans la mise en pratique de la fable double, par contre, est très lafontainienne : tantôt la seconde fable se présente comme la réécriture de la première (I/15-16 : *La Mort et le Malheureux – La Mort et le Bûcheron*), tantôt les deux fables sont liées par la seule morale (II/11-12 *Le Lion et le Rat – La Colombe et la Fourmi*), tantôt par l'identité de l'un des personnages (III/15-16 : *Le Loup, la Chèvre et le Chevreau – Le Loup, la Mère et l'Enfant*).

La seconde exception concerne les protagonistes humains : chez La Fontaine on constate une légère tendance à rassembler des fables à personnages humains et à mettre plutôt ces séries à la fin des livres, comme c'est le cas des fables I, 13-17 et IV, 17-21. Le Livre V est le seul à proposer six fables à protagonistes humains parmi ses douze premières fables ; chiffre significatif, à comparer à ceux des autres livres : parmi leurs douze premières fables, les Livres I et II comptent seulement une fable à protagonistes humains, le Livre III deux fables, le Livre IV trois fables et le Livre VI une fable.

La fin du *Premier Recueil*

Ce qui nous amène à la fin du *Premier Recueil*, qui s'achève, tout comme certains autres recueils de fables, sur le thème de l'homme. En effet, la fin du Livre VI présente quatre fables à protagonistes humains. Les animaux disparaissent graduellement en tant que personnages : dans les fables VI, 18 et 19, il est question respectivement d'un cheval et d'un âne, mais ces animaux ne sont pas des protagonistes, et dans les fables VI, 20 et 21, l'animal est même complètement absent, contrairement au début du *Premier Recueil*, où l'homme ne fait son entrée que dans la fable I, 11 (*L'Homme et son Image*). Ce qui est aussi traditionnel, c'est que La Fontaine clôt son *Recueil* par une réflexion générale sur la « fin » et le nouveau commencement. On remarque que, pour ce faire, La Fontaine n'a pas recours aux fables traditionnellement liminaires, comme celle du phénix (ce sujet étant de nature trop emblématique à son goût et trop peu ésopique) ou celle de l'homme invoquant la mort (fable avec laquelle il avait expérimenté auparavant en la traduisant et la réécrivant dans la fable double *La Mort et le Malheureux – La Mort et le Bûcheron*).

Ce n'est pas seulement par le thème commun de l'homme que les quatre dernières fables et l'*Épilogue* forment une unité. Regardons à ce sujet l'ouverture du *Chartier embourbé*:

FIGURE 1
1693, Daniel de la Feuille

> Le phaéton d'une voiture à foin
> Vit son char embourbé. Le pauvre homme était loin
> De tout humain secours. C'était à la campagne
> Près d'un certain canton de la basse Bretagne
> Appelé Quimpercorentin. (VI/18, v. 1-5)

Les commentateurs et les critiques n'ont pas manqué de signaler la tonalité héroï-comique engendrée par le nom « phaéton » – Phaéton étant le fils du Soleil qui perd le contrôle du char de son père. Or, le Chartier est en tout le contraire du fils du Soleil, négativement d'abord, par le rabaissement du personnage, mais aussi positivement : le Chartier survit dans la boue humide alors que Phaéton trouve la mort dans le feu. Cependant, on n'a pas assez noté l'apport du mot « char » au caractère héroï-comique de ce passage. Sur ce mot, le *Dictionnaire* de Richelet nous informe :

> Ce mot signifie chariot, mais il ne se dit qu'en parlant des chars de triomphe, & au figuré où il est beau & noble. Hors de là le mot de *char* pour *chariot* n'est point en usage.

Ce n'est pas tout. Ménage, dans une édition tardive du *Dictionnaire étymologique* ajoute (contrairement à ce qu'affirme Richelet): « Encore aujourd'hui en Bas-Breton & en Hibernois on dit *carr*, pour une sorte de charriot »[11]. C'est ce qui explique la précision topographique comique de La Fontaine : « Près d'un certain canton de la basse Bretagne / Appelé Quimpercorentin. » Qui plus est, le chemin où le chartier s'embourbe est probablement une « carrière », au sens que lui donne Ménage :

> CARRIÉRE : pour *voye, chemin*. De *carrera* : dont les Espagnols usent en la mesme signification : & qui a été fait de *carra* : comme qui diroit, *le chemins des chars, des carrosses*, des charrettes. En Basse-Normandie, & dans plusieurs autres Provinces on dit *une charriere*, pour dire *un lieu par où passent les charettes*.[12]

---

[11] Gilles Ménage, *Dictionnaire étymologique*, tome I, Paris, Briasson, 1750. La référence au "Bas-Breton" manque dans les premières éditions du *Dictionnaire*, contemporaines du *Premier Recueil* de La Fontaine. Elle est peut-être suggérée par la fable même de La Fontaine.

[12] Gilles Ménage, *Dictionnaire étymologique, ou Origines de la langue françoise*. Nouvelle édition [...], Paris, Jean Anisson, 1694. Dans l'entrée « Carrière » de la première édition du *Dictionnaire*, intitulée *Les origines de la langue françoise*, Paris, Augustin Courbé, 1650, la référence à la Basse-Normandie manque.

FIGURE 2
1693, Daniel de la Feuille

Cette entrée de dictionnaire montre en même temps les rapports de parenté étymologique entre « carrière » et « char » (et « char[re]tier ») – rapports vus aussi par Racine, qui, à la même époque que La Fontaine, admire ironiquement dans *Britannicus* (1669) combien Néron « excelle à conduire un char dans la carrière »[13].

De plus, par ces rapports étymologiques, le chemin, la « carrière » où le chartier s'embourbe, reçoit une signification métadiscursive : il annonce la carrière dont il est question dans l'*Épilogue*: La Fontaine ne veut pas être pris dans sa carrière, comme il arrive au chartier ; tout comme celui-ci il veut en sortir, mais autrement – nous y reviendrons.

Passons à la fable suivante, *Le Charlatan*, qui est liée à la fable précédente par la simple phonétique : *char*tier – *char*latan : est-ce pur hasard ? Cette ressemblance, peut-être fortuite, nous invite à chercher d'autres liens entre ces fables. Randolph P. Runyon signale que les trois fables VI, 18, 19 et 20 sont liées par le thème du pouvoir des mots[14]. En effet, dans *Le Chartier embourbé* (VI/18), ce sont les mots d'Hercule, et non pas sa force physique, qui aident le Chartier

---

13 Jean Racine, *Britannicus*, IV/ 4, v. 1472.
14 Randolph Paul Runyon, *In La Fontaine's Labyrinth: A Thread through the* Fables, Charlottesville, Rookwood Press, 2000, p. 87.

à débarrasser sa charrette ; dans *Le Charlatan* (VI/19) c'est par sa parole rusée que le Charlatan assure sa vie pour les dix ans à venir, et, dans la fable suivante *La Discorde* (VI/20), c'est également par la parole que la Discorde survit et règne. Cependant, il convient de nuancer ces ressemblances thématiques : c'est qu'il s'agit dans ces trois fables plutôt d'une *mise en question* du pouvoir des mots. Dans VI/18, la parole n'est pas nécessaire : le Chartier aurait dû agir lui-même, sans l'intervention d'Hercule, qui, en fait, lui dit ce que le seul bon sens aurait dû lui dicter. Dans *Le Charlatan*, la parole est trompeuse. Les références à la mauvaise rhétorique y sont nombreuses : « un Passe-Cicéron » (VI/19, v. 6), « certains Cicérons / Vulgairement nommés larrons » (VI/19, v. 33-34), ainsi que l'image traditionnelle satirique du baudet en soutane, représenté par l'illustrateur François Chauveau dans la vignette qui accompagne la fable dans les premières éditions. Dans *La Discorde*, la parole est dangereuse : elle permet à la Discorde de brouiller Dieux et mortels. Confronté à ces images dysphoriques de la parole, mieux vaut se taire – et c'est justement ce que fait le père dans la dernière fable du recueil, *La Jeune Veuve* (VI, 21). Avec succès, car, par le silence du père, sa fille surmonte son deuil et se remariera. De nouveau, la fable est à la fois annonciatrice et métadiscursive. Dans l'*Épilogue*, le fabuliste annonce qu'il va se taire, pour reprendre une autre parole.

Regardons de plus près les deux dernières fables, *La Discorde* et *La Jeune Veuve*. Ces deux fables sont liées par un manque remarquable : ce sont les seules fables du *Premier Recueil* à ne pas être illustrées. La raison n'est pas claire : peut-être cette absence d'illustrations est le signe de la grande hâte de La Fontaine, qui a empêché François Chauveau de faire les illustrations nécessaires. Cependant, les critiques l'ont bien noté, les deux fables se lient par une thématique commune – le mariage –, annoncé dans les derniers vers de *La Discorde*[15] : « L'auberge enfin de l'Hyménée / Lui fut pour maison assignée » (VI/21, v. 29-30). Cette image négative du mariage est contrebalancée par l'image euphorique du mariage, tel qu'il se présente dans *La Jeune Veuve*. Là le mariage – ou plutôt l'amour – est présenté comme une chose naturelle. C'est ce qui nous ramène une dernière fois à l'*Épilogue* : « Amour, ce tyran de ma vie, / Veut que je change de sujet » (v. 8-9).

Les dernières fables du *Premier Recueil* de même que l'*Épilogue* thématisent la confiance en la Nature bonne et bienveillante, qui inspire à l'homme le bon sens, un léger épicurisme terre-à-terre, teinté d'une dose de *carpe diem*. Leçon qui s'exprime par les vers maximes de ces fables : « Aide-toi, le Ciel t'aidera »

---

[15] Voir aussi *Ib.*, p. 87-88 ; Nathan Gross, « Order and Theme in La Fontaine's *Fables*, Book VI » in *L'Esprit créateur* 21/4 (1981), p. 78-89 (p. 87).

(VI/18, v. 33), « C'est folie / De compter sur dix ans de vie. Soyons bien buvants, bien mangeants. » (VI/19, v. 37-39), « Le Temps ramène les plaisirs » (VI/21, v. 4).

Psyché : la nouvelle carrière

On voit donc comment ces dernières fables, de façon indirecte et suggestive, préparent la fin du *Premier Recueil* et tout aussi bien la fin de la « carrière » du fabuliste. Cette image de la carrière dans ses multiples acceptions est implicite dans le roman de *Psyché* et cela à ses lieux stratégiques du début et de la fin. On sait que ce roman se présente comme un récit encadré, dont le cadre ouvre par une conversation ambulante de quatre amis au Jardin de Versailles, réunissant ainsi plusieurs acceptions du mot « carrière » : voie, chemin, sujets à discourir.... La promenade commence à la « Ménagerie », dont la beauté exotique des grues demoiselles (les « demoiselles de Numidie ») et des pélicans (« certains oiseaux pêcheurs qui ont un bec extrêmement long, avec une peau au-dessous qui leur sert de poche [...] On ne peut rien voir de plus beau. Ce sont espèce de cormorans »[16]) arrête les quatre amis. Tout se passe comme si ces grues demoiselles et ces pélicans représentaient le monde momentanément idéalisé de la fable (où grue et cormoran ont leur rôle), que le narrateur quitte un peu à regret pour se mettre dans la nouvelle carrière du roman de *Psyché*. La carrière où le narrateur et ses amis s'engagent – le Jardin de Versailles – est en rapport d'opposition ou d'affirmation avec ce que nous avons vu dans les dernières fables du *Premier Recueil* : la route de la promenade est loin d'être bourbeuse ou enfouie dans « certain canton » distancé, en contraste avec *Le Chartier embourbé* ; la parole, qui s'échange entre amis, ne saurait être trompeuse, à l'opposé de ce qu'on voit dans *Le Charlatan*; elle est harmonieuse, partant loin de toute *Discorde*, et, conformément à *La Jeune Veuve*, elle porte sur le thème de l'Amour.

La fin du récit encadrant, qui raconte la fin de la journée, met en scène la même imagerie de la carrière et du char (solaire) que nous avons vue dans *Le Chartier embourbé* et dans l'*Épilogue* : « Le Soleil avait pris son char le plus éclatant et ses habits les plus magnifiques ». C'est encore une autre carrière qui prend fin.

Le défi posé au lecteur de La Fontaine ne consiste pas seulement à comprendre la polysémie de la fable individuelle, mais aussi les tendances sérielles qui sous-tendent la *dispositio* du recueil. Cette *dispositio* est de caractère paradoxal : à première vue elle est réglée par la même *variatio* qui avait informé

---

16   La Fontaine, *Œuvres complètes*, tome II, Pierre Clarac éd., Paris, Gallimard, 1958, p. 128.

depuis le seizième siècle de nombreux fabliers et recueils d'emblèmes. Mais en lisant, on comprend que cette *variatio* cache des tendances sérielles. Ces tendances ne sont jamais d'ordre narratif, régies par la récurrence des personnages, comme chez Corrozet, Haudent ou Ogilby, ni basées sur l'identité des moralités. Par contre, elles sont basées sur d'autres principes, d'ordre thématique (nous avons vu les thèmes récurrents du pouvoir de la parole, de l'amour et du mariage) ou lexical (on a vu la série « char », « carrière », et possiblement « charlatan »).

Ces tendances, s'il y en a, ne sont pas seulement de caractère très divers (selon la devise du poète), elles ne sont, en outre, jamais explicitées. C'est au lecteur de les tracer et de les interpréter[17]. Pour aider ce lecteur, La Fontaine fait parfois des suggestions, surtout aux endroits stratégiques, le début et la fin du recueil, qui ont une signification métadiscursive, mais qui dans le cas du *Premier Recueil* frôlent l'aporie. En effet, selon notre interprétation, le début semble nier la tendance sérielle, obéissant très ostensiblement à l'idéal de la *variatio*, alors que la fin du recueil suggère, par le mot de « carrière », une série progressive, qui annonce l'*Épilogue*. C'est ce genre d'apories heuristiques qui ne cessent de fasciner le lecteur de La Fontaine.

---

17   Pour un survol critique de ces interprétations fort variées, voir Patrick Dandrey, « Le cordeau et le hasard : réflexions sur l'agencement du recueil des *Fables* » in *Papers on French Seventeenth Century Literature* XXIII/44 (1996), p. 73-8. Voir aussi sa contribution dans le présent recueil, p. 7-22, où il propose une lecture selon le principe de la déambulation dans le jardin à la française, à sa façon assez proche de notre lecture de la thématique de la « carrière ».

Les Deux Amis et leur(s) double(s)

Paul Pelckmans

Les Deux Amis ont quelque chance d'être une des fables des plus souvent citées du *Second Recueil*. Il semblerait assez qu'elle comble une manière de manque : les critiques qui l'évoquent paraissent souvent enchantés et quasi soulagés d'y découvrir enfin la sensibilité profonde que nous attendons pour ainsi dire d'office de tout grand poète et qui fait assez largement – et donc, pour certains, un peu fâcheusement – défaut dans les *Fables*. Le genre se prêterait à vrai dire plutôt mal aux effusions pathétiques : l'enjouement et le rire excluent, comme on le sait depuis Bergson, toute participation trop émue. On sait aussi que La Fontaine n'est pas un grand poète de l'amour : s'il multiplie en virtuose, et en se conformant à chaque fois aux exigences de ses divers genres, les compliments galants et les plaisanteries gauloises, les protestations pour de bons passionnées ne sont pas trop son fait. Tout se passe parfois comme s'il semblait du coup presque rassurant de voir que cet amant volage et ce poète au cœur un peu sec aura au moins su rêver une amitié exquise.

La présente étude[1] voudrait se demander si *Les Deux Amis* vont vraiment au-devant d'une exigence qui, même si elle nous paraît peu ou prou évidente, ne date après tout que du Romantisme. A y regarder d'un peu près, on constate d'abord que la fable des *Deux amis* suit immédiatement, dans le Livre huitième, une autre anecdote sur l'amitié, *L'Ours et l'Amateur des Jardins*, qui n'a rien de « romantique ». Les deux apologues viennent du recueil « indien » de Pilpay, où ils ne voisinent pas du tout puisqu'ils y sont séparés au contraire par une bonne centaine de pages et que pas un mot, dans le second, n'y rappelle le premier. La Fontaine choisit de les rapprocher ; le petit diptyque qu'il crée ainsi prouve surtout, c'est du moins ce que je voudrais montrer, que l'amitié, au XVIIe siècle, ne comporte pas toujours la ferveur sentimentale dont les Romantismes, et toute une modernité à leur suite, s'affaireront à tirer de sublimes harmoniques. Considéré isolément, le second volet de ce diptyque se prêterait à la rigueur à de tels trémolos ; à le lire dans le sillage de l'apologue qui précède, on y découvre, à ce qu'il me semble, pas mal de notes ironiques, qui donnent à penser que l'enjouement, dans les deux cas, fait au moins contrepoids à l'émotion.

---

1 Je me permets de signaler que cet article transpose, en y ajoutant quelques gloses de plus, un chapitre de mon *De wereld van La Fontaine. Fabels en Frankrijk in de zeventiende eeuw*, Antwerpen, Vrijdag, 2017, p. 237-250.

FIGURE 1
1693, Daniel de la Feuille

L'Ours et l'Amateur de Jardins privilégie de toute évidence la note comique. Mécontents l'un et l'autre d'une solitude trop absolue, l'Ours et l'Amateur partent tous les deux chercher un ami. Une telle quête pourrait avoir, telle qu'en elle-même, son côté pathétique ; La Fontaine la ramène à son niveau le plus fruste en évoquant d'abord, à la différence de Pilpay, la solitude de l'Ours :

> Certain Ours montagnard, Ours à demi léché
> Confiné par le sort dans un bois solitaire,
> Nouveau Bellérophon vivait seul et caché :
> Il fût devenu fou : la raison d'ordinaire
> N'habite pas longtemps chez les gens séquestrés.
> Il est bon de parler, et meilleur de se taire.
> Mais tous deux sont mauvais alors qu'ils sont outrés. (VIII/10, 1-6)

L'Ours mal léché part à la recherche d'un compagnonnage élémentaire plutôt que d'une quelconque affinité élective ; la folie qui le menace se profile comme une démence assez brute, qui confirme surtout le très vieil adage qu'il n'est pas bon pour l'homme – et, partant, pour les animaux des *Fables* – d'être seul. Et on ne s'étonne du coup pas trop que le premier passant qu'il rencontre semble faire aussitôt l'affaire : l'Ours n'a à vrai dire aucune raison pour ne pas se contenter du premier venu.

Pilpay évoque d'abord la solitude d'un

> Jardinier qui aimait tant les jardinages qu'il s'éloigna de la compagnie des hommes pour se donner tout entier au soin de cultiver des plantes. Il n'avait ni femme, ni enfants, & depuis le matin jusqu'au soir il ne faisait que travailler dans son jardin, qu'il rendit aussi beau que le Paradis Terrestre. A la fin, le bonhomme s'ennuya d'être seul dans sa solitude : il prit la résolution de sortir de son jardin pour chercher compagnie.[2]

Cela fait toujours une silhouette plutôt sommaire, mais aussi bien plus délicate que celle qu'on vient de voir ; c'est déjà un peu le ton des *Mille et Une Nuits* d'Antoine Galland. La Fontaine, qui introduit donc son Amateur en deuxième lieu, n'est pas beaucoup plus précis : on ne se demandera pas trop à quel profil plausible son personnage pourrait bien correspondre puisqu'il ne peut s'agir ni d'un paysan, qui trouverait au moins à qui parler en allant vendre ses modestes surplus, ni d'un gentilhomme campagnard, qui serait sans doute entouré de quelques domestiques. Cette silhouette tout aussi vague que son original n'en paraît pas moins nettement plus prosaïque : La Fontaine se garde de parler du Paradis Terrestre et s'amuse au contraire à insinuer que l'Amateur s'ennuierait moins s'il habitait pour de bon le monde des *Fables:*

> Les jardins parlent peu si ce n'est dans mon livre ;
> De façon que, lassé de vivre
> Avec des gens muets, notre homme un beau matin
> Va chercher compagnie et se met en campagne. (v. 19-22)

Sa campagne ne sera pas longue puisque, pour lui aussi, l'Ours est le premier interlocuteur qu'il rencontre sur son chemin. Le détail de leur rencontre paraît de nouveau plus trivial que chez Pilpay, qui note rapidement, mais aussi de façon toute générale, que « les regards [de l'Ours] causaient de l'effroi » et passe tout de suite à un coup de foudre : son Jardinier n'a guère le temps ni aucune raison d'avoir peur parce qu'« aussitôt qu'ils se virent, ils se sentirent de l'amitié l'un pour l'autre »[3]. L'Amateur commence, pour sa part, par faire assez piètre figure :

> L'homme eut peur ; mais comment esquiver ; et que faire ?
> Se tirer en Gascon d'une semblable affaire

---

2   *Les fables de Pilpay philosophe indien & et ses conseils sur la conduite des grands et des petits*, Paris, Pierre de l'Aulne 1725, p. 120.
3   *Ib.*, p. 120-121.

> Est le mieux. Il sut donc dissimuler sa peur.
> L'Ours très mauvais complimenteur
> Lui dit : Viens t'en me voir. L'autre reprit: Seigneur,
> Vous voyez mon logis; si vous me vouliez faire
> Tant d'honneur que d'y prendre un champêtre repas,
> J'ai des fruits, j'ai du lait. Ce n'est peut-être pas
> De nosseigneurs les Ours le manger ordinaire ... (v. 27-35)

La Fontaine parle toujours d'un « cas surprenant » (v. 25), mais remplace le beau mystère du coup de foudre par un dialogue où l'invite de l'Ours paraît, fût-ce par simple maladresse, tout sauf engageante et où les propos plus fleuris de l'Amateur rappellent l'obséquiosité assez dérisoire de l'Agneau devant le Loup. Lui-même correspondrait bien mieux au menu « ordinaire » des Ours! L'*Ersatz* végétarien qu'il offre en lieu et place n'aurait aucune chance d'être agréé s'il avait affaire à un prédateur pour de bon affamé. Sa chance inouïe, qui le préserve de se voir à son tour dévoré « sans autre forme de procès »[4], est de tomber sur un Ours qui, pour une fois, n'est pas à la recherche de nourriture, mais d'amitié, une amitié que leur entretien si peu reluisant suffit apparemment à nouer :

> Mais j'offre ce que j'ai. L'Ours l'accepte; et d'aller.
> Les voilà bons amis avant que d'arriver.
> Arrivés, les voilà se trouvant bien ensemble. (v. 36-38)

Cette rapidité tant soit peu expéditive surprend un peu moins quand on voit que l'entente ainsi nouée ne débouche pas sur des effusions pathétiques, ni sur de véritables confidences. L'Ours fait un compagnon parfait parce qu'il est tout sauf encombrant et que l'Amateur peut donc tranquillement vaquer à ses travaux :

> Comme l'Ours en un jour ne disait pas deux mots.
> L'homme pouvait sans bruit vaquer à son ouvrage.
> L'Ours allait à la chasse, apportait du gibier ... (v. 41-43)

L'Amateur, qui a pourtant failli se voir dévoré lui-même, ne voit apparemment aucun inconvénient à ce supplément au menu. L'Ours, qui fait décidément de son mieux, ajoute une délicatesse de plus en veillant sur les siestes de son ami et s'affaire alors, en « bon émoucheur » (v. 45), à chasser les mouches qui

---
4   Cf. *Fables* I/ 10 (=*Le Loup et l'Agneau*), v. 29.

risqueraient de l'éveiller avant l'heure. C'est précisément cette sollicitude délicate qui amène, pour finir, la catastrophe : quand une mouche particulièrement opiniâtre ne se laisse pas chasser du nez du dormeur, l'Ours lance le pavé proverbial[5] qui tue aussi bien son ami :

> Je t'attraperai bien, dit-il. Et voici comme.
> Aussitôt fait que dit ; le fidèle émoucheur
> Vous empoigne un pavé, le lance avec roideur,
> Casse la tête à l'homme en écrasant la mouche... (v. 51-54)

...

L'Ours se montre "non moins bon archer que mauvais raisonneur" (v. 55) et prouve ainsi que, mal avisées, les meilleures intentions peuvent aboutir aux pires résultats :

> Rien n'est si dangereux qu'un ignorant ami ;
> Mieux vaudrait un sage ennemi. (v. 57-58)

Comment comprendre exactement une telle leçon? Elle recommanderait, à première vue, de choisir ses amis avec quelque prudence ; ce n'est peut-être pas tout à fait si simple et je dirais même volontiers que notre fable ne donne pas de véritable conseil et se contente plutôt de constater un état (ou un risque) de fait sans indiquer vraiment comment y remédier. L'Amateur et l'Ours, pour leur part, ne se sont de toute façon pas, à proprement parler, *choisis*. L'un et l'autre se sont contentés du premier venu et ont donc fait confiance au hasard ou, si l'on préfère, à un voisinage dont ils ne s'étaient pas encore avisés : l'Ours ni l'Amateur n'ont pu aller bien loin et le second, au moment de leur premier dialogue, montre son « logis » (v. 32) d'un geste. Leur amitié, dès lors, n'est pas basée sur une quelconque affinité élective ni sur des sentiments profondément vécus, mais sur une proximité élémentaire, qui leur permet de ne pas rester seuls et de se rendre à l'occasion de bons offices.

Tout se passe donc comme s'il s'agissait moins, dans tout ceci, d'amitié proprement dite que de simple compagnonnage. L'ignorance de l'Ours lui fait commettre une terrible gaffe, mais pas un mot n'indique qu'elle serait aussi fâcheuse parce qu'il serait difficile de nouer une relation satisfaisante avec un imbécile. Son quasi mutisme assez bourru serait même plutôt un avantage : le

---

5 Je note au passage que le pavé n'avait pas attendu Pilpay pour devenir proverbial; l'expression est « attestée dans plusieurs langues européennes dès le XVe siècle » (Michel Pastoureau, *L'Ours. Histoire d'un roi déchu*, Paris, Seuil, 2007, p.295).

fabuliste n'en est pas encore, comme pourrait le faire un thérapeute moderne, à soupeser la qualité d'une relation.

Il n'aurait peut-être même pas trop compris le distinguo entre amitié et compagnonnage, que nous pratiquons spontanément mais qui risque en l'occurrence d'être tant soit peu anachronique : la fable, en fait, mêle indifféremment les lexiques du coude-à-coude et de l'amitié[6] – et se conforme ainsi à un usage très partagé. La Fontaine et ses contemporains parlaient en effet volontiers amitié en des contextes qui nous sembleraient appeler d'autres termes ; à en croire les historiens[7], la plupart des occurrences du mot, au XVIIe siècle, concernaient des relations qu'on n'avait guère eu à choisir parce qu'elles s'imposaient tout naturellement, mais auxquelles on consentait, si tout se passait bien, de bon gré. Les mémoires et correspondances de l'époque parlent donc volontiers d'amitié à l'intérieur d'une parentèle, entre parents et enfants ou même entre conjoints : comme la très large majorité des mariages étaient dictés par la 'raison' ou les convenances familiales, on espérait – et on aimait donc croire – que les conjoints, à force de passer leur vie ensemble, finiraient par se vouer une robuste amitié. Les moralistes voulaient même qu'une telle amitié valût mieux qu'un amour trop passionné : il suffisait, en pratique, qu'on se voulait réciproquement du bien et que chacun faisait ce qu'il fallait et ce que ses entours attendaient légitimement de sa part. L'amitié consistait en somme, dans son formatage le plus courant, à remplir ses devoirs 'd'état' avec un certain entrain.

La Fontaine et ses contemporains ne se seront pas douté que leurs descendants apprécieraient un jour que « les amis sont des parents qu'on choisit ». Ils n'imaginaient pas vraiment qu'on pût (ou dût vouloir) choisir, considéraient leurs parents comme des amis tout indiqués et disaient aussi qu'un bon voisin vaut mieux qu'un ami lointain. Le propos ramène dans un monde où les distances restaient difficiles à franchir et où il s'imposait de frayer d'abord avec des entours proches qui s'imposaient de toute façon et avec lesquels il valait dès lors mieux nouer des relations tant soit peu cordiales.

L'Ours et l'Amateur sont eux aussi des voisins qui ne demandent pas mieux que d'être de bons amis et n'imaginent pas d'aller « chercher compagnie » (v. 22) plus loin. L'Amateur aurait même eu du mal à le faire : on ne voit pas

---

6   Cf.: « Les voilà bons amis avant que d'arriver. Arrivés, les voilà se trouvant bien ensemble. » (v. 37.-38)

7   Pour une étude globale sur l'amitié sous l'Ancien Régime, voir surtout Maurice Daumas, *Des Trésors d'amitié. De la Renaissance aux Lumières*. Paris, Colin, 2011. On en trouve un excellent résumé dans la contribution de M. Daumas à *Histoire des émotions 1*, Paris, Seuil, 2016, p.330-350.

comment il aurait pu, face à l'Ours, passer simplement son chemin. L'Ours fait dans ce sens – et fût-ce pour des raisons un peu particulières – un voisin/ami particulièrement incontournable. Il se trouve par malchance qu'il est aussi, malgré son indéniable bonne volonté, un ami très mal avisé.

...

J'ai voulu insister un peu longuement sur ce prosaïsme fondamental, que la tragédie, vouée aux sentiments nobles, ni même le roman, hanté lui aussi par les postures héroïques, reflètent assez rarement[8], mais qui n'en fait pas moins, dans la vie vécue du XVIIe siècle, le régime le plus coutumier de ce qu'on appelle alors l'amitié. Le fabuliste cultive de parti pris un timbre plus rustique et pouvait se rapprocher un peu plus de ce train très ordinaire des choses.

Ses *Deux Amis* n'en restent bien sûr pas à ce niveau terre-à-terre. Les deux textes aménagent plutôt une sorte de contrepoint, qui juxtapose la pratique courante à l'idéal. Cela ne signifie au demeurant pas qu'elles proposeraient ainsi une vue d'ensemble de la pensée du fabuliste sur l'amitié. La Fontaine ne se souciait sans doute pas de se définir une pensée personnelle sur ce sujet et est d'ailleurs, comme on sait, généralement peu porté à « épuiser une matière » puisqu'il préfère « n'en prendre que la fleur »[9]. Il lui suffit cette fois d'évoquer à l'affilée deux perspectives sur l'amitié que le public reconnaissait l'une et l'autre et de créer ainsi un contraste plaisant.

Le regard prosaïque sur l'amitié que nous venons d'évoquer voisine en effet, dans l'imaginaire culturel sinon (sauf exceptions) dans la pratique réelle de l'Ancien Régime, avec un idéal plus ambitieux, qui pouvait se prévaloir, à défaut de passer souvent dans les faits, de bien des cautions prestigieuses. Platon et Cicéron avaient écrit l'un et l'autre un dialogue sur l'amitié et Aristote lui avait consacré un chapitre substantiel dans chacune de ses deux *Éthiques*. Les humanistes du XVIe siècle avaient ranimé tous ces souvenirs et Montaigne se faisait même fort d'avoir vécu une amitié à l'antique avec son très cher Étienne de la Boétie. Il est vrai qu'il ajoutait modestement qu'il fallait, pour nouer un accord si parfait, des âmes d'une trempe peu commune et qu'il pouvait bien s'écouler quelques siècles avant que la nature produisît de nouveau la pareille. L'amitié noble s'appréhende comme une exception rarissime, qu'on illustrait surtout avec des exemples à demi-légendaires : Achille et Patrocle, David et Jonathan ou, chez Virgile, Nisus et Euryale…. On leur consacrait volontiers de

---

8   Je me permets de renvoyer, pour deux 'contre-exemples', à mon essai 'Les prosaïsmes de l'amitié dans *La Duchesse d'Extramène* et *Eléonor d'Yvrée*' in P. Pelckmans, *La Sociabilité des coeurs. Pour une anthropologie du roman sentimental*, Amsterdam, Rodopi, 2013, p. 59-71.
9   Cf. *Epilogue* du Livre Sixième, v. 3-4.

FIGURE 2
1693, Daniel de la Feuille

belles pages sans espérer pour autant que les lecteurs pensent pour de bon à suivre leur exemple.

Le second volet de notre diptyque précise dès les premiers mots qu'il s'agira cette fois de « deux vrais amis » (v. 1). La Fontaine y va donc à son tour d'une très belle page ; on a peut-être un peu perdu de vue qu'elle devient aussi, au voisinage immédiat de la variante plus prosaïque, une sorte de caricature affectueuse d'un trop beau rêve.

Pilpay, tout d'abord, ne s'inquiétait pas de nommer ses personnages ni de situer son anecdote. Il permettait donc de penser, si l'on y tenait, que tout se passait dans son Orient de rêve. La Fontaine n'y tient décidément pas et indique au contraire que ses « vrais amis », qui restent pareillement anonymes, « vivaient au Monomotapa » (v. 1). Le nom désigne un vague royaume d'Afrique Centrale, qui n'apparaît nulle part ailleurs dans ses *Fables*. Comme personne n'y était jamais allé, La Fontaine et ses premiers lecteurs savaient tout au plus et en très gros qu'il devait à se trouver à l'intérieur d'un continent toujours largement inexploré : on n'en connaissait à vrai dire que ce qu'on entendait baragouiner dans les factoreries que les Portugais entretenaient tant bien que mal sur les estuaires de ses grands fleuves. Les « vrais amis » anonymes habitent un fort lointain bout du monde, où ils ne semblent pas trop à leur place. La suite ne fait mine de relativiser cette incongruité que pour mieux la souligner :

> Les amis de pays-là
> Valent bien, dit-on, ceux du nôtre. (v. 3-4)

Le Monomotapa ne devait pas être, dans la France du XVIIe, un sujet de conversation très courant, sur lequel il ne circulait donc pas de véritables 'on-dit'. Les lecteurs, pour autant qu'il pensaient en ces parages à quoi que ce soit de concret, devaient imaginer surtout des rois nègres entourés au mieux de courtisans anthropophages. Le dialogue délicat qui fait le corps de la fable est ainsi situé dans un décor où l'on peut voir au choix une tâche blanche de la carte ou un *heart of the darkness* avant la lettre ; il y est, dans les deux cas, moins plausible encore que partout ailleurs.

Le dialogue lui-même paraît un peu moins irréel : l'amitié idéale y semble, comme sa contrepartie plus prosaïque, très portée sur l'échange de bons offices. Il va sans dire qu'ils ne déclenchent, dans ce cas idéal, aucune conséquence mortelle. Nous lisons donc que l'un des amis va frapper chez l'autre au milieu de la nuit. L'ami réveillé en catastrophe imagine assez naturellement qu'on vient implorer son aide pour un problème aussi grave qu'urgent ; il se dit aussitôt tout disposé à lui prêter de l'argent, à le seconder dans quelque duel ou à lui envoyer quelque belle esclave s'il préfère ne pas coucher seul. Son visiteur pourrait l'interrompre au premier mot, mais le laisse décliner ses belles offres et répond seulement ensuite qu'il n'a besoin de rien de tout cela :

> Non, dit l'ami, ce n'est ni l'un ni l'autre point :
> Je vous rends grâce de ce zèle.
> Vous m'êtes en dormant un peu triste apparu ;
> J'ai craint qu'il ne fût vrai, je suis vite accouru.
> Ce maudit songe en est la cause. (v. 19-23)

Les offres de service superflues prenaient elles aussi cinq vers ; les deux amis ont, chacun de son côté, pensé d'abord à l'autre et prouvent ainsi qu'ils sont bien tous les deux, au sens fort, de « vrais amis ».

Le lecteur ne manque pourtant pas de se dire aussi que cela fait décidément beaucoup de bruit pour rien. Si le premier ami n'avait pas paniqué, tout le monde aurait mieux profité « du temps destiné pour le somme » (v. 13). Son inquiétude paraît à son tour incongrue et devait le paraître plus encore à une époque où les songes prémonitoires de la tragédie accumulaient les horreurs les plus sanglantes : le visage « un peu triste » dont il s'agit ici ne pouvait, dans la pire des hypothèses, n'annoncer rien de trop fatal. On peut admirer bien sûr que le moindre chagrin du très cher paraît d'emblée si grave ; la réaction précipitée n'en oscille pas moins entre le sublime et le ridicule, dont Napoléon dira un bon siècle plus tard qu'ils ne sont jamais séparés que d'un pas, et aboutit à un esclandre qui, s'il atteste la perfection du « zèle » des deux amis, n'apporte aussi aucun profit réel à personne. Le sommeil, cette fois, n'est assurément menacé d'aucun pavé de l'ours ; il est au moins très inutilement interrompu.

Comme quoi ce n'est peut-être pas vraiment dommage que la vraie amitié se rencontre seulement au Monomotapa : le monde réel n'y perd apparemment pas grand-chose!

...

Cela n'empêche pas le fabuliste de s'extasier pour finir sur l'exquise sollicitude de ses « vrais amis ». La question est, là encore, de savoir si ses superlatifs cherchaient tout à fait se faire prendre au sérieux. La critique l'a souvent fait sans hésiter[10] et salué, dans la conclusion des *Deux Amis*, la profession de foi vibrante d'un dévot de l'amitié. Un tel dévot n'aurait sans doute pas apparié sa parabole sublime avec *L'Ours et l'Amateur*. Il n'aurait, je crois, pas plus commencé sa conclusion sur une question qui fait mine d'ouvrir un débat de salon:

> Qui d'eux aimait le mieux ? que t'en semble, lecteur ?
> Cette difficulté vaut bien qu'on la propose. (v. 24-25)

La *Clélie* de Madeleine de Scudéry aligne bon nombre de ces débats, qui pouvaient correspondre aussi, tout au long du siècle, à certaine pratique mondaine. Il s'agissait toujours, foncièrement, d'un jeu de société, qui permettait de faire montre de son esprit, mais où les professions de foi trop ferventes seraient une faute de goût : l'honnête homme, qui *ne se pique* de toute façon *de rien*, devait se garder mieux encore de prendre trop au sérieux des conversations où il ne s'agit, pour tous les interlocuteurs, que d'échanger des propos ingénieux et délicatement formulés.

Le format étroit de la fable ne permettait pas d'imaginer en détail les arguments que des salonniers aux prises avec une telle « difficulté » auraient pu aligner. Nous n'avons droit qu'à quelques considérations qu'il auraient éventuellement pu invoquer. La seule allusion à un tel échange suffit au moins à les relativiser discrètement et les marque d'avance, comme la référence au Monomotapa du premier vers, au coin de certaine gratuité. Le constat célèbre

---

10   Voir par exemple Marc Fumaroli, qui inscrit les derniers vers de notre fable dans un rendez-vous au sommet: "Ces vers résument le même état de fusions des coeurs, quasi extatique, que définissait Arnauld d'Andilly et qui est aussi l'aspiration des amis cornéliens" (*Le Poète et le Roi. Jean de La Fontaine en son siècle*, Paris, Fallois, p.475). M. Fumaroli voudrait voir, dans notre diptyque, "une sorte de première épreuve" d'un "cycle des amis et des amants" (*ib.*, p. 474) qui parcourrait les derniers Livres du *Second Recueil* et qui indiquerait un sorte de refuge contre un absolutisme de plus en plus encombrant. L'hypothèse est au moins très séduisante: elle comporte toujours l'inconvénient, pour ce qui nous concerne, d'imposer une lecture trop uniment sérieuse de notre diptyque, qui biffe ou autant vaut ses miroitements ironiques....

qu' « un ami véritable est une douce chose » (v. 26), qui est sans aucun doute le vers le plus souvent cité de la fable, apparaît du coup, replacé dans son contexte, comme un truisme assez insignifiant, qui semble tel qu'en lui-même parfaitement indiscutable mais qui n'est même pas très bien formulé – un ami n'est pas une 'chose' – et qui ne garantit surtout pas qu'on ait beaucoup de chances, dans le monde comme il va, de rencontrer effectivement une espèce aussi rare.

Les douceurs plus précises qui suivent manquent dans l'original de Pilpay. La Fontaine, qui les ajoute donc de son crû, y aménage aussi, je crois, une subtile dissonance. L'ami véritable

> cherche vos besoins au fond de votre cœur ;
> Il vous épargne la pudeur
> De les lui découvrir vous-même. (v. 27-29)

Pareil empressement est évidemment merveilleux. Il va toujours au-devant d'une « pudeur » qui l'est moins parce que la parfaite amitié devrait l'ignorer. Dans le monde réel, chaque besoin avoué est une faiblesse, qui risque de vous mettre en position d'infériorité ; il n'est au moins pas évident que pareille appréhension devrait affleurer seulement entre deux vrais amis.

La suite semble plus inoffensive, mais risque à son tour de se nuancer de quelque ironie :

> Un songe, un rien, tout lui fait peur
> Quand il s'agit de ce qu'il aime. (v. 30-31)

On peut se demander en effet si le fabuliste, qui dénonce si souvent toutes sortes de réactions excessives, pouvait vraiment admirer sans réserve un tel zèle : ce serait la seule fois, dans toutes les *Fables*, qu'une morale contreviendrait si ostensiblement à leur *rien de trop* fondamental. Je dirai donc que ce mot de la fin rappelle aussi, avec quelque malice, que les deux vrais amis de son anecdote se sont émus pour rien. Ce qui revient, en fin de parcours, à congédier discrètement l'idéal de la parfaite amitié, qui n'aura apporté au monde des *Fables*, quand elle s'y inscrit pour une fois, qu'une belle mesure pour rien.

…

Comment conclure ? Replacée dans son contexte, et surtout dans son appariement immédiat avec l'anecdote triviale qui lui fait pendant, la fable des *Deux Amis* est sans doute moins uniment émouvante qu'on n'a souvent aimé le croire. La Fontaine admire, avec tous ses contemporains, l'exquise douceur de la belle amitié ; il s'en passe aussi sans regrets excessifs.

Son diptyque nous ramène ainsi dans un Ancien Régime psychologique, où l'amitié telle qu'elle a cours est faite de devoirs et de bons offices plutôt que d'affects profondément ressentis et où l'idée d'une affection plus parfaite se profile comme un mirage certes admirable, mais aussi bien foncièrement oiseux. La question de savoir si cette pratique prosaïque de l'amitié valait mieux ou non que la version plus psychologisée dont nos modernités ont pris l'habitude est évidemment insoluble – et sans doute à son tour oiseuse. Qui estimerait que les contemporains de La Fontaine vivaient une vie affective plus pauvre que la nôtre ferait bien de ne pas oublier que cet habitus un peu court les préservait aussi de bien des déboires.

Quand Freud, dans le chapitre le plus célèbre de sa *Traumdeutung*, évoque à son tour le « rêve de la mort de personnes chères »[11], ce cauchemar ne signifie pas précisément qu'un ami véritable est une douce chose, mais plutôt que chaque être humain s'est un jour voulu parricide et que toutes ses affections se teignent dès lors et à jamais de redoutables ambivalences. Le père de la psychanalyse croyait bien sûr découvrir une vérité intemporelle, qui remontait au moins au temps de Sophocle ; on peut estimer – et on l'a souvent fait – que le succès de ses vues prouve, à côté de bien d'autres indices, que l'homme moderne risque de se trouver voué sa vie durant à des psycho-logiques fort troublées, partant aussi plutôt tourmentées, que la plupart de ses aïeux n'auraient pas connu à ce point. L'idée requerrait sans doute d'infinies nuances, qu'il n'y a pas lieu d'indiquer ici ; il suffit pour notre présent propos qu'elle comporte au moins sa part de vérité.

Cela ne signifie pas pour autant qu'il faudrait idéaliser ce *monde que nous avons perdu*[12] ni céder à certaine nostalgie qui apparaît souvent comme la tentation secrète de l'histoire des « mentalités ». L'intérêt de notre diptyque, dans cette perspective, est de nous édifier dans l'un et dans l'autre sens à la fois. L'Ami rêveur de la seconde fable n'a pas désiré la mort de son compagnon et tout donne à penser que La Fontaine n'imaginait pas qu'on pût l'en soupçonner. Reste toujours que l'Ours, qui n'a pas plus rêvé la mort de son Amateur, finit, lui, par la causer. Son meurtre involontaire n'a rien d'un acte manqué puisqu'il tient à son irrémédiable bêtise ; la catastrophe tient aussi pour une part, comme nous l'avons vu, au fait que l'Amateur s'était contenté presque d'office de l'amitié de son voisin. Ce qui nous rappelle au moins que, dans un monde plus étroit où l'on n'avait guère le choix de ne pas s'attacher très près de soi, on pouvait aussi, quand on jouait de malchance, se trouver exposé à de terribles mésaventures. La mobilité généralisée du monde moderne aura toujours atténué cet inconvénient-là.

---

11   Cf. Sigmund Freud, *L'Interprétation des rêves*, trad. I. Meyerson, Paris, PUF, 1973, p.216-238.
12   Cf., bien sûr, Peter Laslett, *The World we have Lost. England before the Industrial Age*, London. Methuen, 1965.

Actes divers de la diversité : l'œuvre subtile du Livre IX

Yves Le Pestipon

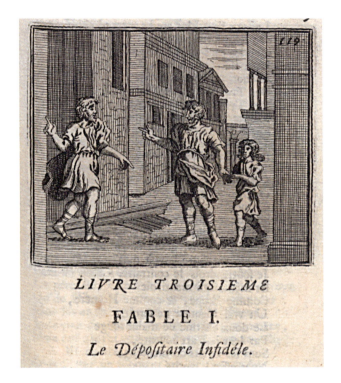

FIGURE 1
1693, Daniel de la Feuille

Le Livre IX a d'abord été un Livre III. Il occupa les premières pages de la quatrième partie des *Fables choisies mises en vers par Mr de La Fontaine*, publiées à Paris, en 1679, chez Denys Thierry et Claude Barbin. Pour le chaland, qui attendait depuis presque une année, ce fut un livre nouveau, bien mis en évidence par sa position, et qui pouvait se penser comme la pièce centrale de ce que nous appelons le *Second Recueil*, c'est-à-dire l'ensemble des cinq Livres qui s'ajoutèrent en 1678, puis en 1679, à la publication de 1668. Avec ce quatrième volume, La Fontaine évitait de passer pour un « Dépositaire infidèle ». Il proposait une continuité et du neuf, « un monde toujours beau, toujours divers, toujours nouveau » (IX/2, v. 67-68). Il aspirait à plaire en Singe, plutôt qu'en

Léopard, en montrant toute « la diversité dont il était capable »[1] non « sur l'habit », mais « dans l'esprit » (IX/3, v. 26-27). Il pouvait ainsi espérer convaincre qu'il avait su trouver le temps et la formule pour qu'on « en jouisse » (VIII/27, v. 29).

Le *Discours à Mme de La Sablière*, à l'extrême fin du Livre, au-delà de ses dix-neuf fables numérotées, produit un effet de nouveauté. Rien de tel dans le *Premier Recueil*. Rien de tel non plus dans les deux livres supplémentaires parus en 1678. Ce *Discours* n'est pas une « Préface » ou un « Avertissement » en prose. Ses deux-cent-trente-sept vers constituent, de loin, le plus long poème de l'œuvre, mais ce n'est pas une fable, même si, vers sa fin, un texte s'intitule *Les Deux Rats, le Renard et l'Œuf*. Pas de mensonge ici. Pas de volonté morale. Peu d'imitation d'Ésope ou de Phèdre. Dans tout le *Discours*, y compris dans ce petit récit, La Fontaine se veut « disciple de Lucrèce »[2] une première fois, en abordant, contre Descartes et les cartésiens, une question d'histoire naturelle et de philosophie. Loin d'être « menteur » « comme Ésope et comme Homère » (IX/1, v. 30-31), il propose, au service d'une argumentation visant la vérité, des analyses et des récits de cas attestés, par l'expérience commune, l'autorité de voyageurs, ou d'un roi qui « jamais ne ment »[3]. Il ouvre « l'ample comédie » (V/1, v. 27) à un genre nouveau. Il y fait paraître le pays moderne des « entretiens »[4], où des femmes et des hommes échangent, sans prétendre conclure, en employant ce qu'ils ont appris, et en reconnaissant ce qu'ils ignorent. Le lecteur est invité à philosopher avec Descartes, mais contre lui, au sillage de Montaigne et de Gassendi, mais avec Mme de La Sablière, du côté d'Épicure, mais avec des castors, dans un livre de *Fables choisies*, mais dans un *Discours*, qui rêve des « entretiens », des « propos », d'un « aimable commerce[5] » à l'écart des « ennuyeux déclamateurs » (X/1, v. 64).

Les animaux et leur âme éventuelle en sont le thème principal. Le sujet n'est pas neuf, mais Descartes, par sa radicalité machiniste, lui a donné une actualité. La Fontaine a pu y faire quelque allusion dans ses fables précédemment publiées[6], voire dans *Les Amours de Psyché et de Cupidon*, mais il n'a jamais pris nettement position. Même si la logique du genre qu'il illustrait l'amenait à faire parler des bêtes et à laisser entendre qu'elles possédaient une âme « imparfaite

---

1 Avertissement » du *Second Recueil* in *Œuvres complètes* de La Fontaine, Paris, Gallimard, 1991, p. 245.
2 *Poème du Quinquina*, *Œuvres Diverses de La Fontaine*, texte établi et annoté par Pierre Clarac, « Bibliothèque de la Pléiade », Paris, Gallimard, 1968, p. 62. Nous désignerons désormais cette édition des *Œuvres diverses* par O.D.
3 *Discours à Mme de La Sablière* in *Œuvres complètes*, op. cit., v. 121. Ci-après *Discours*.
4 *Ib*, v. 20.
5 *Ib*., v. 12 et v. 20.
6 Voir par exemple «Les Obsèques de la Lionne », VIII/14, v. 23.

et grossière[7] », il accomplit en 1679 un acte que rien, ni la poésie, ni le genre particulier qu'il pratiquait, ne rendait nécessaire. Il innove sur la forme, et, plus encore sur la nature de son œuvre : si elle demeure une « ample comédie », ni divine ni étroitement humaine, elle s'affirme désormais capable d'études philosophiques.

La Fontaine ne rompt pas. Il pratique la transition dans son œuvre en métamorphoses. Les deux premiers vers de ce que nous appellerons désormais le Livre IX, l'indiquent :

> Grâce aux Filles de Mémoire,
> J'ai chanté les animaux. (IX/1, v. 1-2)

Vers l'amont, La Fontaine rappelle ce qu'il a fait depuis son épître liminaire *À Monseigneur le Dauphin*:

> Je chante les héros dont Ésope est le père.[8]

Il rappelle aussi, quelques vers plus loin, mais toujours vers l'amont, que son œuvre n'est pas simple épopée, qui trouve son modèle dans Virgile. Elle est « comédie » puisque

> Les Bêtes à qui mieux mieux
> Y font divers personnages. (IX/1, v. 7-8)

Le passage au présent, cependant, fait glisser vers l'aval. L'œuvre demeure, et donc demeurera, « comédie ». Au tout début du nouveau Livre, le constat est aussi une annonce : la présence des Animaux, ou des Bêtes, comme objet du chant et comme sujet des « actes » de la « comédie », se poursuit et se poursuivra. Dès lors, ces premiers vers du Livre ont, vers l'aval, fonction de mise en œuvre. Ils préparent au surgissement du *Discours à Mme de La Sablière* et travaillent à constituer une totalité cohérente. Plus exactement, ils peuvent être lus, depuis le *Discours*, comme un signe vers lui, et donc vers l'unité du Livre. Ils autorisent une lecture d'aval en amont qui permet à son tour une lecture d'amont en aval. Le Livre se lit, avec plaisir et pour l'instruction, dans les deux directions tout comme les fables doubles, si bien étudiées par Patrick Dandrey[9],

---

7   *Discours*, v. 237.
8   « À Monseigneur le Dauphin » in *Œuvres complètes, op. cit.*, p. 29, v. 1.
9   Voir son doctorat de troisième cycle (1981) : *Une poétique implicite de La Fontaine ? Études sur le phénomène de la fable double dans les livres VII à XII des Fables* », et voir aussi *La Fabrique des fables*, Paris, Klincksieck, 1991.

FIGURE 2
1693, Daniel de la Feuille

se lisent du premier récit vers le second, ou du second vers le premier. L'œuvre fait sens par cette double direction de lecture. La Fontaine est un Dépositaire fidèle infidèle, qui construit par écarts successifs des séries d'actes que le lecteur peut considérer, à la manière du « Trafiquant » (IX/1, v. 44) de la première fable du Livre IX, avec un regard réflexif et inventif. Le redoublement, qu'implique l'enchérissement, est un miroir qui revient et qui crée du neuf. Le retournement, qui est au principe du vers, rend manifestes à la fois l'univers et le divers.

L'expression « divers personnages » du *Dépositaire infidèle* peut ainsi se lire depuis – ou vers – « les cent matières diverses » et les « exemples divers » du *Discours à Mme de La Sablière*.[10] « Le monde toujours divers » des *Deux Pigeons*, « la diversité (qui) me plaît» (IX/3, v. 27) du *Singe et le Léopard* ou « Tout en tout est divers» (IX/12, v. 17) du *Cierge* peuvent servir de manifestes relais. Si l'on tient compte aussi du thème des différences, donc des identités, donc, par exemple, de ce qui distingue hommes et bêtes, cire et terre, fille et souris, moment et moment, mensonge et mensonge[11], on a le sentiment que ce Livre construit un lieu et un milieu pour revenir sur de nombreux textes et produire

---

10   *Discours*, v. 14 et v. 143.
11   Voir resp. *Discours à Mme de La Sablière, Le Cierge, La Souris métamorphosée en Fille, Le Trésor et les deux Hommes* et *Le Dépositaire infidèle* » …

des pensées neuves. Chacune de ses trois premières fables propose une ou plusieurs occurrences de « divers » et de « diversité ». Ces mots sont plus fréquents dans ce livre que dans ceux qui l'environnent. Leur auteur paraît ne pas s'être contenté, comme pour l'ensemble du *Second Recueil*, de « mettre toute la diversité dont il était capable ». Il a voulu l'illustrer, la défendre, la donner à penser, en faire œuvre.

⋯

« Diversité, c'est ma devise »[12]. Cet octosyllabe, plusieurs fois répété dans *Pâté d'anguille*, est souvent rappelé, avec juste raison, quand on parle de La Fontaine. Le conte est un peu oublié, la formule demeure. Il est vrai qu'elle est très sonore, et même très graphique. Le mot « devise » par ses lettres est inclus dans « diversité » où il se trouve redéployé. Plus remarquable encore : « C'est devise »/« diversité » forment un quasi anagramme phonique, comparable aux inventions de l'ingénieur du langage Luc Étienne[13]. La recombinaison de lettres et de sons produit en une phrase un mot et un sens nouveau. « Diversité » s'entend et se lit presque en « Devise c'est », ou l'inverse. Cela ne tourne pas en rond, pourtant, parce que le « r » manque et que cette redistribution seule ne forme pas le vers de La Fontaine. Il y a « ma », donc un sujet, et le démonstratif « c' », donc l'acte de monstration. Il y a aussi l'écart stylistique léger mais efficace, entre « diversité », qui appartient au vocabulaire plutôt savant, directement enté sur le latin, et « devise » qui fleure bon la langue médiévale, quelque peu populaire. « Diversité c'est ma devise » est un vers divers en la langue. C'est une forme-sens, savante, ancienne, nouvelle, joueuse, sensible et discrète, qui cède, au bout du compte, voire dans le conte, selon la formule de Mallarmé, « l'initiative aux mots »[14].

Soyons, apparemment, plus sérieux : « Divers », pour Richelet, est synonyme de « différent ». « Diversité » est synonyme de « variété ». « La diversité des ornements et des pensées fait la plus sensible beauté des ouvrages de l'esprit »[15] précise-t-il. « Divers », selon Furetière est un « terme qui marque la pluralité et la différence soit des lieux, des personnes ou des choses ».

---

12   « Pâté d'anguille » in *Œuvres complètes, op. cit.*, p.863, v. 4.
13   Voir *Luc Étienne, ingénieur du langage*, dossier réuni par Nicolas Galaud et Pascal Sigoda, Reims, Au Signe de la Licorne, 1998.
14   Stéphane Mallarmé, « Crise de vers » in *Igitur, Divagations, Un coup de dés*, Paris, Poésie/Gallimard, 1976, p. 248.
15   César-Pierre Richelet, *Dictionnaire français*, I, Genève, Jean Herman Widerhold, 1679, p. 249.

« Diversité » est une « qualité qui fait qu'une chose est diverse et différente. La diversité des humeurs des hommes est cause de la diversité de leurs sentiments. La diversité des fleurs d'un parterre réjouit la vue »[16]. Ce dernier exemple s'accorde avec le *Discours à Mme de La Sablière* qui compare les « matières diverses » des « entretiens » à « un parterre où Flore épand ses biens »[17]. La Fontaine, cependant, va plus loin que les principaux dictionnaires de son siècle. Comme Ponge, et sans *oulipitrerie*[18], il tient vraiment compte des mots.

La « diversité » chez lui, n'est pas la « bigarrure ». On connaît ce mot, d'étymologie obscure, qui désigne selon Furetière un « mauvais assortiment de couleurs ou d'ornements sur un habit, sur des meubles »[19]. On sait qu'Étienne Tabourot, seigneur des Accords, publia en 1672 *Les Bigarrures* et que Frank Lestringant a consacré un volume à étudier les *Contes et discours bigarrés*[20] qui parurent en grand nombre à la fin du XVIe et au début du XVIIe siècles. Le mot est légèrement vieillot, et presque comique, quand La Fontaine publie ses œuvres. Il l'évite quand il fait paraître les *Poésies chrétiennes et diverses*. Il ne fait pas de « la bigarrure » sa « devise ». Il la laisse au Léopard, quand il vante sa peau que le Roi aurait « voulu voir » :

> Tant elle est bigarrée,
> Pleine de taches, marquetée,
> Et vergetée, et mouchetée.
> La bigarrure plaît ; partant chacun la vit.
> Mais ce fut bientôt fait, bientôt chacun sortit. (IX/3, v. 7-11)

La « bigarrure » est un chaos d'unités différentes et juxtaposées. Superficielle, elle n'a pour dimensions que celles de son étal. Nulle cause profonde ne la produit et elle se voit toute entière en peu de temps. Pas de retour. Pas de retournement. Pas de plis. La « bigarrure » se présente sans plis et ne suscite pas de parcours plissé pour la goûter. Elle n'incite pas aux commentaires, aux questions, aux échanges, même à ceux qu'envisage le Singe lorsqu'il annonce vouloir rendre à chacun son argent à la porte, si l'on n'est pas content. Ce

---

16   Antoine Furetière, *Dictionnaire universel*, I, à la Haye et à Rotterdam, chez Arnout et Reinier Leers, 1690, p. 858.

17   *Discours*, v. 21.

18   Néologisme employé par Henri Meschonnic à la Cave-Poésie de Toulouse, lors d'une conférence en 2002.

19   Antoine Furetière, *Dictionnaire universel*, I, À la Haye et à Rotterdam, chez Arnout et Reinier Leers, 1690, p. 268

20   Frank Lestringant, *Contes et discours bigarrés*, Presses de l'Université Paris-Sorbonne, 2011.

concurrent du Léopard propose une « diversité », qui n'est pas une bigarrure et qui plaît à La Fontaine :

> Le Singe avait raison. Ce n'est pas sur l'habit
> Que la diversité me plaît, c'est dans l'esprit :
> L'une fournit toujours des choses agréables ;
> L'autre en moins d'un moment lasse les regardants. (IX/3, v. 26-29)

La diversité qui plaît à La Fontaine est une dynamique doublement durable. Elle « fournit » toujours, et elle charme sans lasser. Le Singe ne se contente pas de produire « cent tours[21] » (IX/3, v. 13) qui se répéteraient. Il invente. Il fait en sorte que le plaisir des « regardants » se renouvelle. Il crée une abondance et un enchantement toujours recommencés. Très différent de la Cigale qui chantait « tout l'été » (I/1, v. 2) son entêté martèlement de l'identique, il offre à ses spectateurs, selon une formule du *Songe de Vaux*, de rester toujours « comme suspendus dans l'attente d'autres merveilles »[22]. Sa diversité se produit dans un temps et se reçoit, sans s'interrompre, pendant un autre temps. Elle n'est ni d'une surface ni d'un moment. Riche en éléments multiples, qui sont des actes, tous différents, et des plaisirs, tous singuliers, elle est en sa continuité un art du temps.

La Fontaine est fidèle à l'étymologie latine du mot. *Divertere* associe le préfixe « dis » qui indique une division, une séparation, un écart[23], et le verbe « vertere » qui signifie tourner, faire tourner. *Divertere*, c'est tourner en s'écartant, donc se détourner, se séparer. C'est un verbe de mouvement qui indique à la fois une continuité et un écart. On ne s'étonne donc pas que les atomes chez Lucrèce, en dépit de leur mouvement de chute continue, puissent avoir des mouvements divers, suite au *clinamen*[24] qui en conduit quelques uns à s'écarter de leurs trajectoires. *Corpora diversa moventur*[25]. Cette dynamique d'écarts produit la diversité de l'univers que le *De Rerum natura* célèbre dès ses premiers vers lorsqu'il chante Vénus en mouvement parmi les envols d'oiseaux, sur un parterre plein de fleurs…. *Diversus* a pourtant moins les faveurs de Lucrèce que *varius*, même si beaucoup de ses traducteurs traduisent ce dernier

---

21 *Ib.*, v. 13, p. 351.
22 *Le Songe de Vaux* in *O.D.*, p. 96.
23 Mot très employé par La Fontaine. L'écart est presque imperceptible. Il est discret, mais, dans un mouvement infini qui est celui de l'univers, il porte à l'infini. C'est ainsi que le *clinamen*, chez Lucrèce, rend possible tout ce que nous sommes, percevons et faisons.
24 Lucrèce, *De Rerum natura*, II, v. 292.
25 *Ib.*, I, v. 421-422.

FIGURE 3
1693, Daniel de la Feuille

adjectif par « divers ». Peut-être sentent-ils une cohérence substantielle entre la physique générale du *De Rerum natura* et l'idée de diversité. La Fontaine semble faire le même choix. Ce « disciple de Lucrèce » préfère « diversité » à « variété », dont il ne fait pas sa « devise ». Variété n'apparaît qu'une fois dans les *Fables*, et jamais dans le Livre IX. On le rencontre exclusivement dans l'« Avertissement » du *Second Recueil* : « Voici un second recueil de Fables que je présente au public ; j'ai jugé à propos de donner à la plupart de celle-ci un air et un tour un peu différent de celui que j'ai donné aux premières, tant à cause de la différence des sujets, que pour remplir de plus de variété mon ouvrage ». « Diversité » apparaît très vite cependant : « Quelques autres m'ont fourni des sujets assez heureux. Enfin j'ai tâché de mettre en ces deux dernières parties toute la diversité dont j'étais capable »[26]. Entre « variété » et « diversité », le texte passe de la statique à la dynamique. S'il s'agissait d'abord de « remplir de variété », il s'agit ensuite, au sillage du verbe « fournir », de mettre « toute la diversité dont j'étais capable ». La diversité procède d'un mouvement et suggère un mouvement. Il y a comme un infini potentiel et dynamique allié substantiellement à la diversité. Si la variété se constate dans un monde clos, la diversité monte en puissance dans un univers infini. La variété est constituée

---

26 « Avertissement » du *Second Recueil* in *Œuvres complètes, op. cit.*, p. 245.

d'un ensemble de différences susceptible d'inventaire, tandis que la diversité procède de la naissance des choses.

Aussi les *Fables* sont-elles « une ample comédie à cent actes divers », et le Singe avec son « esprit » produit-il une « diversité » qui plaît à La Fontaine, tandis que la « bigarrure » est une manière pittoresque, un peu vieillotte, non philosophique pour désigner la variété de la peau du Léopard. On comprend que la diversité soit, pour l'auteur des *Amours de Psyché et de Cupidon*, un des effets des jardins, tandis que le spectacle d'un « nuage bigarré »[27] est parfois un effet du soleil, qui est sans doute, selon une formule assez lafontainienne de Francis Ponge, un « tyran »[28]. On comprend aussi que le Léopard puisse se vanter d'avoir plu au Roi :

> Le Roi m'a voulu voir
> Et si je meurs il veut avoir
> Un manchon de ma peau. (IX/3, v. 5-7)

Le Léopard va jusqu'à oublier la réalité de sa propre mort, sa profondeur terrifiante. Il envisage avec satisfaction la métamorphose de son anéantissement en un moyen pour le Roi d'avoir une chose qui lui serve. Il se rêve « manchon ». Il déréalise sa chair vivante au profit de sa peau spectacle. Pratiquant jusqu'au bout la servitude volontaire, il fonde la valeur de sa vie sur le plaisir de paraître mort un objet de son maître. Oublieux de la naissance bienfaisante des choses, il se vante de pouvoir devenir un morceau de cadavre en contact avec le corps du Roi. Vanité des vanités, la bigarrure mortifère dont il se flatte abolit « la diversité dans l'esprit », qui vivifie. Malgré le plaisir d'un moment qu'elle peut donner, cette déplaisante et fausse diversité idolâtre un pouvoir qui parasite la mort. Elle est, pourrait-on dire, l'antipoésie.

La diversité qui plaît à La Fontaine est du côté de la vie, donc, ici, du Singe qui n'annonce pas ce qu'il sera peut-être après sa mort :

> Votre serviteur Gilles
> Cousin et gendre de Bertrand,
> Singe du Pape en son vivant. (IX/3, v. 16-18)

Peu importe au fond qui est vivant, du Pape, de Bertrand, ou du Singe…. L'important est « vivant » qui contraste avec le calcul du Léopard sur sa propre

---

27   *Les Amours de Psyché et de Cupidon*, O.D., p. 259.
28   Francis Ponge, « Le soleil placé en abîme » in *Pièces*, Poésie/Gallimard, p. 8 et suivantes. Voir aussi La Fontaine, *Le Soleil et les Grenouilles* (VI/12, v. 1).

mort. Le Singe a été, il est, et il advient par sa parole. Il crée au présent, depuis son passé, une diversité qui suscite des plaisirs dont le public ne se lasse pas. Sa diversité, si l'on veut parler grec, et retrouver Épicure, voire Démocrite, relève de la φύσις.

La diversité « dans l'esprit » et la diversité « sur l'habit » « sont très différentes entre elles» (IX/7, v. 75), tout comme les âmes des Souris et les âmes des Belles, selon la septième fable du Livre IX. Ne pas les distinguer serait comme confondre les « vrais menteurs » (IX/1, v. 31) des autres, selon ce qu'indique *Le Dépositaire infidèle*. Ce serait ressembler à ceux qui identifient les bêtes avec des « machines », ou à ceux qui s'imaginent que les autres « esprits » sont « composés sur » (IX/12, v. 18) le leur, ou à ceux qui « tournent en réalités » leurs « propres songes » (IX/6, v. 34) sans poser jamais de limites. Ce ne serait pas être ce qu'ils sont, puisque « tout en tout est divers », mais ce serait négliger, comme eux, qu'existent des différences, qu'il faut connaître et pratiquer, entre des réalités voisines. Le Livre IX, en ses plis et replis, par « diverses liaisons »[29], déploie cette philosophie réellement « subtile, engageante et hardie »[30].

Le Dépositaire infidèle, d'entrée, installe une totalité et deux distinctions, qui en amènent une troisième :

> Tout homme ment, dit le Sage.
> S'il n'y mettait seulement
> Que les gens du bas étage,
> On pourrait aucunement
> Souffrir ce défaut aux hommes ;
> Mais que tous tant que nous sommes
> Nous mentions, grand et petit,
> Si quelque autre l'avait dit,
> Je soutiendrais le contraire.
> Et même qui mentirait
> Comme Ésope et comme Homère
> Un vrai menteur ne serait. (IX/1, v. 20-31)

Première distinction : si le psaume 115, que la tradition attribuerait d'ailleurs à David plutôt qu'au 'sage' Salomon, affirme bien que « tout homme ment », La Fontaine, pour sa part, n'est pas ce Sage. Il le discute, comme il discutera Descartes à la fin du Livre IX. Il n'anéantit pas sa subjectivité pensive dans

---

29 *Inscription tirée de Boissard*, « Avertissement » in O.D., p. 769.
30 *Discours*, v. 27.

l'autorité d'un maître. Il indique qu'il n'est pas « composé » sur autrui. Deuxième distinction : tout menteur n'est pas un « vrai menteur ». Cette affirmation seconde fonde la première affirmation lafontainiennne, car Ésope et Homère, qui, « sous les habits du mensonge » nous « offrent la vérité » (IX/1, v. 34-35), ne sont pas de « vrais menteurs », mais des humains de très grande qualité. Cet argument vaut mieux que l'argument social qui oppose les « gens de bas étage » (tous menteurs), et les autres. La pratique esthétique (écrire des fables comme Ésope, Homère ou La Fontaine) vaut mieux en matière d'éthique (la question du bon mensonge) que la croyance en la valeur des hiérarchies sociales. Cette distinction troisième est d'autant meilleure qu'elle introduit aux *Fables*, et en particulier au Livre IX qui se déploie sur la question des différences, donc de la diversité, entre critique du très ancien sage Salomon et critique du moderne philosophe Descartes.

Vivre, écrire, penser, dans tout ce Livre, c'est faire l'expérience des différences, qui permettent, à leur tour, de vivre, d'écrire, de penser au mieux, et donc, par exemple, de ne pas confondre un gland avec une citrouille, la terre avec la cire, les fourmis avec les belles, les fous avec les sages[31].... Pour n'être pas volé par un Dépositaire infidèle, mieux vaut savoir distinguer discours vraisemblable et discours qui ne l'est pas. Cela aide à analyser les pièges et à « enchérir » (IX/1, v. 91) pour les anéantir. La conscience des différences favorise une vie heureuse, mais les différences ne sont qu'un point de vue sur la diversité.

On lit dans *Les Deux Pigeons* ce célèbre conseil aux amants :

> Soyez vous l'un à l'autre un monde toujours beau,
> Toujours divers, toujours nouveau. (IX/2, v. 67-68)

L'adjectif « divers » est intermédiaire entre « beau », qui n'implique pas nécessairement le mouvement dans le temps et « nouveau », qui en paraît l'heureuse expression. Le « divers » n'est pas le « beau ». Il n'est pas non plus le « nouveau », mais il y a pour La Fontaine une belle création continue du divers, d'où le conseil qu'il donne aux amants. Le « divers » n'est pas simplement un donné, comme la « bigarrure » de la peau du Léopard. Ce n'est pas une juxtaposition de différences dont il suffirait d'avoir conscience pour se maintenir heureusement. Les *Fables* jugent plus intéressant et plaisant d'inviter à devenir « un monde toujours divers », qui se renouvelle sans jamais lasser. Devenir ce

---

31   Voir resp. *Le Gland et la Citrouille, Le Cierge, La Souris métamorphosée en Fille, Le Fou qui vend la Sagesse.*

FIGURE 4
1693, Daniel de la Feuille

monde « l'un pour l'autre », c'est être une part du monde semblable au monde, voire à ce que Lucrèce nomme la « nature des choses ».

Les quatre premières fables, diverses, du Livre IX font une sorte de portail. *Le Dépositaire infidèle* installe le mot « divers », le travail de l'entretien critique, et plusieurs distinctions déterminantes. La fable des *Deux Pigeons* présente une pratique de la diversité superficielle, vaniteuse, nourrie par une « humeur inquiète » (IX/2, v. 20). Elle lui oppose le projet désirable d'une diversité toujours renouvelée par un mouvement intérieur d'échanges, qui paraît annoncer, par opposition au *Dépositaire infidèle*, « l'agréable commerce » de l'ultime *Discours*. *Le Singe et le Léopard* explicite et formule la distance entre diversité « sur l'habit », et diversité « dans l'esprit ». Cette fable de « foire » (IX/3, v. 2), donc de « commerce » (IX/1, v. 45) au sens trivial du mot, déploie et structure par des moyens neufs ce qu'introduisait *Les deux Pigeons*.

Quant au *Gland et la Citrouille*, son héros semble n'avoir rien lu des premières fables du Livre. Il ne distingue pas, de prime abord, les effets éventuels d'un gland et ceux d'une citrouille quand ces fruits sont au dessus d'une tête. Il se croit mieux avisé que Dieu. Il placerait la Citrouille au haut d'un chêne et le Gland à ras de terre.

On ne dort point, dit-il, quand on a tant d'esprit. (IX/4, v. 21)

Garo, évidemment, n'est pas le Singe plein d'esprit.... Quand l'expérience l'a détrompé, il « retourne à la maison », « en louant Dieu de toutes choses » (IX/4, v. 32-33). Renonçant à penser par lui-même, donc à son « esprit », il devient un monothéiste zélé. Il loue sans discuter une totalité réductrice, fort loin du pluriel dynamique que les *Fables* mettent en œuvre, particulièrement depuis le Livre VIII[32]. Garo, le Pédant qui le suit, et le Statuaire qui suit le Pédant sont des contre-exemples de la manière dont elles illustrent, pratiquent, et pensent la diversité. Ils sont des réducteurs d'univers.

...

À l'autre bout du livre, le *Discours à Mme de La Sablière* présente une masse et une forme que rien apparemment ne laissait attendre. Les fables qui le précèdent - *Le Singe et le Chat, Le Milan et le Rossignol, Le Berger et son Troupeau* – n'introduisent ni à son genre, ni à ses thèmes. L'hétérogénéité paraît manifeste. On dirait que La Fontaine a voulu démontrer là sa volonté de mettre non pas toute la « diversité », mais toute la « bigarrure » dont il était « capable ». Cependant, si l'on plie le *Discours* sur les premières fables du Livre, on voit apparaître « diverses liaisons », qui permettent de se représenter comment le Livre entier, sans jamais rompre et par tout un travail des « traits[33] » entremêlés, met en œuvre la diversité, en la faisant goûter et penser.

L'adjectif « divers » apparaît deux fois dans le *Discours* : à propos des « cent matières diverses » que le « hasard fournit »[34] et à propos des « exemples divers »[35] suggérant l'existence d'une âme des bêtes. Ces occurrences rappellent *Le Dépositaire infidèle, Les Deux Pigeons* ou *Le Singe et le Léopard*, mais elles ne sont pas des redites. Plier un texte sur un autre[36] fait apparaître des redistributions diverses et divergentes de signes, de formes, de thèmes, de motifs qui permettent de mieux lire chacun des textes, de mesurer comment chacun « fournit » à l'autre, de considérer comment ils composent un « monde » l'un par l'autre, et avec d'autres textes.

« Divers » caractérise à la fois la manière dont le *Discours* progresse par multiplications d' « exemples » et la manière dont le « hasard fournit cent

---

32 Voir, en particulier, Georges Couton, « Le livre épicurien des *Fables*, essai de lecture du Livre VIII » in *Travaux de linguistique et de littérature*, XIII/2 (1975), p. 283-290.
33 *Discours*, v. 25.
34 *Ib.*, v. 14.
35 *Ib.*, v. 143.
36 Voir Yves Le Pestipon, *Je plie et ne romps pas, essai de lecture ininterrompue du Livre I des Fables de La Fontaine*, Rouen, PURH, 2011.

matières diverses »[37] aux « propos », qui sont apparemment tout autre chose que l'art rhétorique des discours. Ces deux emplois de « divers » sont liés. Le *Discours* commence presque par un éloge paradoxal des « entretiens ». C'est un discours-entretien, qui sait l'inutilité fréquente des discours qui prétendent convaincre autrui, voire le transformer, comme l'atteste l'échec du Berger quand il harangue son troupeau de moutons[38].... En ce *Discours*, qui n'est pas construit pour haranguer, la bagatelle, le hasard, donc le divers ont part, mais ce *Discours* ne renonce pas à donner « quelque chose à penser » (x/14, p. 56). Il n'est pas un chant qui tenterait de séduire par sa seule beauté. La leçon du *Milan et [du] Rossignol* est retenue. Le chant ne vaut pas mieux que la harangue face à des auditeurs qui ne désirent pas entendre, et Mme de La Sablière ne goûte pas la louange, « dont nous environs tous les dieux de la terre »[39]. Le *Discours* se présente comme l'image d'un entretien entre des partenaires égaux, divers, dont aucun n'a le projet de manger l'autre, et dont aucun ne s'abandonne au « bruit flatteur », à l'encens répandu par le « peuple rimeur ». Iris, dont les lettres du nom se trouvent incluses en diversité, et dont le nom même évoque l'arc-en-ciel, en est la partenaire parfaite. C'est une femme, fort différente de Descartes, voire des Sages comme Salomon et, bien entendu, très loin des Moutons et du Milan qui n'a pas d'oreilles. Elle évite la vanité. Sans être une précieuse plus ou moins ridicule, elle sait goûter et échanger des propos quant à la philosophie. Elle n'est pas le « je » du *Discours*. Elle est autre, mais elle aime, comme lui, et comme messagère des dieux, « l'agréable commerce ».

Garo dans *Le Gland et la Citrouille* est seul avec lui-même. Il ne discourt que vers lui. Il voudrait transformer la nature, mais il ne dialogue pas avec elle. Quand il a constaté la sottise de son projet, loin d'analyser les causes et les façons de son erreur, il « retourne à la maison, en louant Dieu de toute chose ». Aucune rencontre. Aucune exploration de l'immanence où se déploie la diversité. Garo est comme fasciné par la verticalité, celle de l'arbre et, par delà la sienne propre, celle de Dieu. Loin de pratiquer la complexité physique et finalement heureuse des phénomènes de l'univers, il veut la ramener à une totalité, conçue par un principe transcendant, qui serait successivement lui ou Dieu. Son savoir, bien qu'il change vite d'avis, lui paraît perpétuellement certain. Garo est donc très différent du « je » du *Dépositaire infidèle*, voire du Trafiquant de cette fable, qui invente une tactique pour contraindre un « menteur » au réel. Il ne fait pas surgir du vrai, et il ne construit pas, par une critique cultivée de l'autorité, et par approximations successives, un savoir toujours prêt à se renouveler. Aucune diversité « dans l'esprit ». Garo est même beaucoup plus

---

37 *Discours*, v. 14.
38 Voir *Le Berger et son Troupeau* (IX, 19).
39 *Discours*, v. 10.

sot que le Pigeon voyageur, qui écoute un moment son ami[40]. Ce « villageois » (IX/4, v. 4) n'a pas d'ami. Aucune Iris avec qui s'entretenir. Il est l'inverse de l'auteur du *Discours* qui fait l'éloge des « propos », évite d'avoir recours, sauf ironiquement[41], à l'argument d'autorité, multiplie les « exemples divers », avoue ses ignorances, et laisse, au bout de son texte, encore beaucoup à penser. La Fontaine n'a pas ce que Flaubert appelle la « rage de conclure »[42]. Il ne retourne pas, comme Garo, « à la maison » (IX/4, v. 33), dont il ne serait même jamais sorti, Il propose une dynamique de recherche avec autrui et la diversité de l'univers. Sans recours transcendant, et sans vanité de raconteur, grâce à une expérience heureuse du « parterre où Flore épand ses biens »[43], il met la diversité en œuvre.

La question de l'âme des bêtes peut ainsi déployer son importance. *Le Dépositaire infidèle*, dès ses premiers vers la suggérait :

Le Loup en langue des Dieux
Parle au chien dans mes ouvrages. (IX/1, v. 5-6)[44].

Il ne s'agissait encore, apparemment, que du rappel d'une convention générique. La Fontaine ne cesse de le répéter : il a fait « parler le Loup et répondre l'Agneau ». D'autres fabulistes l'ont fait avant lui. Il va pourtant plus loin :

Tout parle dans l'univers.
Il n'est rien qui n'ait son langage.[45]

Cette thèse séduit, enchante peut-être, semble préparer les illuminations du romantisme ou procéder d'une ancienne philosophie naturelle, voire d'un animisme, mais elle n'est pas critique. Si elle ouvre à l'infini d'une contemplation, elle ne permet pas d'opérer de distinctions. Totalisante, elle tend à réduire la diversité réelle du monde en abolissant les degrés, les nuances ou les « muances[46] ». Si elle fonde la pratique des fables, elle ne propose rien qui permet de définir ce qu'elles font, donc ce qu'elles sont, puisque le fer, les mar-

---

40   Voir IX/2, v. 18-19.
41   « Jamais un Roi ne ment » (*Discours*, v. 121).
42   Gustave Flaubert, *Correspondance 5*, Paris, Conard, 1929, p. 111 (lettre du 23 octobre 1865 à Mlle Leroyer de Chantepie).
43   *Discours*, v. 21.
44   Ces vers rappellent *Le Loup et le Chien* du Livre I et préparent *Le Loup et le Chien maigre* du livre IX. Ils sont ainsi opérateurs de transition, qui assurent une part de l'unité de « l'ample comédie ».
45   « Épilogue » in *Œuvres complètes, op. cit.*, p.445, v. 7-8.
46   *Les Amours de Psyché et de Cupidon* in *O.D.*, p 259.

rons, la cire ou les miroirs restent muets en elles. Tout n'y a pas son langage. Il faut donc, du point de vue du genre, mais aussi du point de vue d'une volonté de connaissance de la nature, mettre en dialogue la thèse qu'énonce l'*Épilogue* du *Second Recueil* avec le cas particulier des bêtes, de leur âme, et donc de leur parole. Ce n'est pas une mise en contradiction, mais l'essai d'une tension féconde entre pensée poétique et pensée critique, qui permet de déployer l'espace des *Fables*, leur persistante diversité. D'où l'importance du Livre IX, au centre du second recueil, et en particulier du *Discours à Mme de La Sablière*.

Poser précisément la question de l'âme des bêtes, c'est poser une question de limites et de différences. Jusqu'où va l'animal ? Où commence l'humain ? En quoi l'homme et l'animal sont-ils « des choses très différentes entre elles » ? Descartes et les cartésiens affirment que la rupture est totale. L'animal serait une machine sans esprit ni sensibilité :

> Ils disent donc
> Que la bête est une machine ;
> Qu'en elle tout se fait sans choix et par ressorts ;
> Nul sentiment, point d'âme, en elle tout est corps....
> Qu'est-ce donc ? Une montre. Et nous ? C'est autre chose.[47]

Aucune transition de l'homme à l'animal, ou de l'animal à l'homme. Pas de gradation ou de « degré » :

> À l'égard de nous autres hommes
> Je ferais notre lot infiniment plus fort ;
> Nous aurions un double trésor ;
> L'un cette âme pareille en tout-tant que nous sommes,
> Sages, fous, enfants, idiots,
> Hôtes de l'univers sous le nom d'animaux ;
> L'autre encore une autre âme, entre nous et les anges
> Commune en un certain degré.[48]

La Fontaine ne cherche pas la rupture avec les cartésiens, ni même avec les théologiens. Il présente une hypothèse au conditionnel. Tout en marquant son désaccord, il laisse une chance aux échanges. Avec sa « quintessence d'atome », il crée un monstre scientifique qui lui permet de proposer une hypothèse pour rendre compte des phénomènes, sans mythes, ni transcendance, ni recours à

---

47 *Discours*, v. 29-32 et v. 52.
48 *Ib.*, v. 217-225.

une autorité. Il fonde une communauté avouable pour un « agréable commerce », autour de l'étrangeté du réel[49] :

> Je subtiliserais un morceau de matière
> Que l'on ne pourrait plus concevoir sans effort,
> Quintessence d'atome, extrait de la lumière,
> Je ne sais quoi plus vif et plus mobile
> Que le feu.[50]

Voilà qui combine, sans prétention de certitude, alchimie, atomisme, et vieille théorie des éléments ! Chacun peut y trouver son compte.

Pour impliquer encore mieux notre humanité, l'extrême fin du *Discours* passe de la statique des choses à la dynamique de notre existence. La Fontaine quitte la physique pour la biologie et la psychologie, voire la spiritualité. Il rappelle que nous passons de l'état d'enfance à l'état d'adulte et que l'unité continue de notre être n'empêche pas sa métamorphose. Nous aurions deux âmes successives. Leur succession, conformément à la pensée platonicienne, traduirait l'effort continu que fait la lumière pour « percer les ténèbres de la matière »[51]. La différence hommes/animaux, qui pouvait se penser en termes d'espace et de substance, se pense désormais dans la durée de notre être en devenir. Nous voici impliqués, en notre corps, notre esprit, voire nos œuvres. Le débat sur l'âme des bêtes rencontre l'enfance, notre enfance, donc obliquement les fables, qui s'adressent aux enfants, qui deviennent des hommes, qui sont toujours des enfants, comme l'indiquait le Livre VIII[52].

La fin du *Discours*, qui est aussi celle du Livre IX, se plie avantageusement sur le début du *Dépositaire infidèle*. La pratique des fables, justifiée par la distinction entre deux sortes de menteurs, l'est désormais obliquement par la distinction entre deux âmes, qui explique à son tour la distinction de deux temps de notre vie. Voilà un effet significatif de la volonté « d'entremêler », parmi les fables, certains « traits de philosophie »[53], et de s'en entretenir. L'entretien entretient la dynamique féconde vers l'aval et vers l'amont.

Accomplissement du Livre IX, le *Discours à Mme de La Sablière* est cependant un écart. Il ose risquer l'écriture, et ses derniers vers ne sont pas un « retour à la maison », ou un échec. Ce *Discours* n'est pas Garo, et encore moins

---

49   « Choses réelles quoique étranges », *Ib.*, v. 230.
50   *Ib.*, v. 207-211.
51   *Ib.*, v. 235, p. 389.
52   Voir les deniers vers du *Pouvoir des fables* (VIII, 4, v. 65-70).
53   *Discours*, v. 25-27.

le Statuaire ou le Cierge qui ont oublié les limites de leur genre. Il ne conclut pas. Il ne ferme rien. Il ne tue pas la pensée, mais lui « fournit ». *L'Homme et la Couleuvre*, qui lui succède au tout début du Livre X, poursuit et renouvelle la problématique du rapport homme/animal, qu'il n'a ni achevée, ni « perdue »[54]. Il entretient en effet un « agréable commerce », qui offre toujours de l'autre, du nouveau, du divers.

Le voyage du Pigeon est une image inverse de ce que le *Discours* accomplit et fait accomplir. Si l'oiseau va « en lointain pays » (IX/2, v. 4) par « désir de voir » et « humeur inquiète » (IX/2, v. 20), le *Discours* convoque des témoignages de voyageurs, mêlés à des observations qu'a pu faire La Fontaine. Il emploie les « Castors » et d'autres animaux du « Nord[55] » pour répondre aux attentes d'Iris et « fournir » le Livre IX. Le voyage du Pigeon produit de la douleur tandis le *Discours* offre la possibilité heureuse d'un mouvement de pensée partagée, ce qui n'est pas du « divertissement »[56]. Il est fidèle, en ce qu'il poursuit sous le signe d'Iris ce que le Livre met en œuvre, et « infidèle », en ce qu'il s'aventure vers un genre et des ambitions qu'un choix de fables, apparemment, ne laissait pas attendre. C'est, en son écart, un dépositaire infidèle fidèle, qui mène vers le vrai, non par les « chemins du mensonge », comme les fables, mais par la considération exacte du réel. Il agit en Singe, quoiqu'avec du sérieux scientifique, en ce qu'il fait venir en lui la diversité du monde, sur lequel il ne projette pas, comme Garo, une idée exclusive. Loin de produire en Pédant une « pièce d'éloquence hors de sa place » (IX/5, v. 31-32), voire de détruire ou de laisser « détruire en cent lieux un jardin », il contribue au « parterre où Flore épand ses biens ». Il ne se laisse pourtant pas, comme certain Statuaire, séduire par ce qu'il a créé, et ne s'« embrasse » (IX/6, v. 29) pas. Il s'écarte de soi. Il mesure les différences réelles. Il n'oublie pas qu'il n'est pas Iris, Épicure, Descartes, « ce mortel dont on eût fait un dieu[57] ». Il crée une juste distance. Son auteur ne se met pas « à portée» (IX/8, v. 1) de la folie potentielle, qui est celle de tout créateur. Il distingue les choses et les occasions. Il ne dépasse pas les limites, au contraire de bien des « créatures », ou même d'Empédocle et du

---

54 Voir Jean Racine, *Phèdre*, v. 662 Les *Fables* ne sont pas un « labyrinthe », dont les multiples cheminements produisent la mort ou le retour à l'identique. Elles ouvrent l'esprit.
55 Voir *Discours*, vv. 92-138.
56 Le mot est rare chez La Fontaine. On ne le rencontre guère, et de manière ironique, dans les *Fables*, que dans *Le Cochon, la Chèvre et le Mouton*, (VIII/12, v. 3). Le divertissement n'est pas chez La Fontaine une expérience heureuse de la diversité. Un lecteur des *Pensées* peut cependant être tenté d'associer ce mot aux *Deux Pigeons*, dans la mesure où le Pigeon voyageur y tente d'éviter l'expérience de l'ennui.
57 *Discours*, v. 54.

Cierge. Il sait que « tout en tout est divers », et il met, dans le *Discours* comme dans le Livre entier, ce constat en œuvre.

« Tout » et « tout » ont ici des significations différentes. Le second, par la répétition et l'emploi de la préposition, construit un écart, subtil, mais décisif par rapport au premier. Il y est impliqué, comme la diversité l'est « dans l'esprit ». Le premier « tout » représente la totalité que l'on doit toujours avoir en pensée parce qu'on y vit et qu'on y meurt, parce qu'on y trouve la fortune[58] ou qu'on l'y perd, parce qu'il faut toujours considérer, pour la comprendre, la totalité d'une scène, même quand il s'agit d'un Singe et d'un Chat[59]. Le second « tout » signifie la totalité complexe de la diversité, qui se reconnaît en profondeur, dans l'intérieur productif de la réalité. La relation entre les deux « tout » est dynamique. C'est le mouvement de la diversité, qui se manifeste quand on chemine de la totalité vers chacun de ses atomes, ou du plus petit vers le plus grand, du plus simple vers le plus complexe, de la moindre fable vers le recueil, ou un de ses vers....

L'écart entre ces « tout » pourrait paraître négligeable, mais il porte à l'infini, comme l'écart entre les « vrais » et les faux « menteurs », ou l'écart entre la diversité « sur l'habit » et la diversité « dans l'esprit », ou entre les deux Pigeons, voire entre les deux « âmes », ou même entre un chien d'avant et un chien d'après[60], ou entre une Souris et une Femme, ou entre une occasion et une autre.... Le redoublement entre deux choses voisines et cependant distinctes est un motif important du Livre IX, qui propose fréquemment des manifestations de l'autre qui semble être le même et qui est autre, deux réalités qu'il vaut mieux ne pas confondre. Entre l'une et l'autre, pas de rupture comme celle que voudraient établir les cartésiens, mas pas non plus de continuité indistincte telle qu'Empédocle ou le Cierge ont pu parfois l'imaginer. Il y a comme « un fil long de deux brasses » (IX/8, v. 13) qui crée l'écart, mais qui relie. C'est ainsi qu'il faut ne pas se « mettre à portée » (IX/8, v. 1) du fou, mais que le fou qui vend le fil, permettant avec un lien de créer la distance, « vend la sagesse » (IX/8, v. 9). Ce « Fol », auquel le « hasard » (IX/8, v. 21) sans doute a fourni son idée, est un excellent « Trafiquant » pour un « agréable commerce », ce qui rime, naturellement, à « matières diverses ».

Notre propos

> ne finirait jamais quoique ayant commencé[61].

---

58   Voir *Le Trésor et les deux Hommes* (IX/16).
59   Voir *Le Singe et le Chat* (IX, 17).
60   Voir *Le Loup et le Chien maigre* (IX/10).
61   *Discours*, v. 229.

Tout autrement que les *Essais*, mais dans leur mémoire active, et contre l'esprit de système qu'illustrent Descartes, Salomon, voire Empédocle[62], le Livre IX porte à « quelque point de perfection[63] » la devise de La Fontaine. Il la déploie, il l'emploie, il la structure, il la met en œuvre. Il fait partout et en tout son miel de la diversité. Il s'offre ainsi dans l'œuvre entière qui se réfléchit en lui, et il aide à mieux lire la totalité diverse que forment les *Fables*, les *Contes*, *les Amours de Psyché et de Cupidon*, *Le Songe de Vaux*, ou le *Poème du Quinquina*, ce chef d'œuvre trop méconnu du « disciple de Lucrèce ». Il est un tout en tout divers, un devenir « miel » que l'on dégustera et un « parterre » qui s'offre à la considération statique, à la promenade hasardeuse, et aux propos potentiellement infinis, qui pourraient employer toutes ses fables et le relier au paysage philosophique du temps, mais qui doivent « finir » (XII/29, v. 64) pour entretenir le « commerce ».

---

62   Voir *Le Cierge* (IX/12, v. 19).
63   *Les Amours de Psyché et de Cupidon* in O.D., p. 123.

Daphnis et Alcimadure et *Philémon et Baucis*, un diptyque éthique et esthétique

Julien Bardot

Les acteurs de cette « ample comédie aux cent actes divers » (V/1, v. 27) que constituent les *Fables* sont de natures très variées :

> Hommes, Dieux, Animaux, tout y fait quelque rôle :
> Jupiter comme un autre. (V/1, v. 29-30)

Si la mythologie reste toutefois assez discrète dans les premiers Livres, fournissant davantage de métaphores ou de périphrases que de véritables actants, son rôle va toujours croissant, notamment grâce à la figure de Jupiter en effet. Mais c'est véritablement dans le Livre XII que les dieux et héros de la Fable passent au premier plan. Les trois grandes fables mythologiques que sont *Les Compagnons d'Ulysse* (XII/1), *Philémon et Baucis* (XII/25) et *Les Filles de Minée* (XII/28) révèlent combien La Fontaine a élargi les frontières génériques de l'apologue depuis le *Premier Recueil* : indépendamment de la tradition ésopique, tout récit susceptible d'une moralisation semble pouvoir trouver sa place dans ce dernier Livre des *Fables*. Ainsi *Les Compagnons d'Ulysse*, épisode illustrant le pouvoir de la redoutable Circé chez Homère, se charge sous la plume du fabuliste d'une double réflexion sur les passions, par lesquelles on croit s'affranchir mais qui se révèlent les pires des chaînes[1], et sur la proximité entre l'homme et le règne animal, ce qui est particulièrement pertinent au sein des *Fables*. Le fabuliste s'approprie de longs récits tirés d'œuvres majeures de l'Antiquité en les investissant de nouvelles perspectives morales. Si la question de leur intégration à un recueil de fables peut trouver des réponses spécifiques dans chaque cas, il est intéressant de se la poser également à propos de la série que forment ces fables mythologiques.

C'est toutefois un ensemble plus restreint que nous allons étudier, en envisageant *Daphnis et Alcimadure* (XII/24) et *Philémon et Baucis*, déjà citée, comme un diptyque. La première n'est pas à proprement parler une fable mythologique, quoique le dieu Amour y intervienne ; ses protagonistes sont

---

[1] « La liberté, les bois, suivre leur appétit, / C'était leurs délices suprêmes : / Tous renonçaient au lôs des belles actions. / Ils croyaient s'affranchir suivant leurs passions, / Ils étaient esclaves d'eux-mêmes. », *Fables*, (XII/1, v. 102-106).

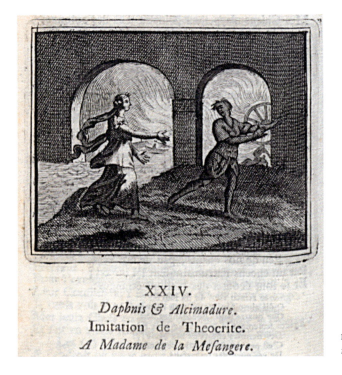

FIGURE 1
1727, Zacharie Châtelain

FIGURE 2
1727, Zacharie Châtelain

deux jeunes mortels vivant « jadis » dans un univers que l'on identifie assez rapidement comme grec : il s'agirait plutôt d'une fable « antique »[2]. Mais elle présente d'emblée deux caractéristiques communes avec la suivante : la similitude des titres (un couple de prénoms à consonance grecque), et l'appartenance du motif à la poésie grecque ou latine – les *Idylles* de Théocrite dans un cas, les *Métamorphoses* d'Ovide dans l'autre. Ajoutons que ces deux fables se suivent dès leur première parution dans les *Ouvrages de prose et de poésie des Sieurs Maucroix et de La Fontaine*[3], alors que *Les Filles de Minée*, quoique de source ovidienne comme *Philémon et Baucis*, est placée bien plus loin dans le recueil. Dans le Livre XII, le couple qu'elles forment se distingue très nettement aussi bien de ce qui précède (*Le Renard anglais*, une fable animalière) que de ce qui suit (*La Matrone d'Éphèse* et *Belphégor*, deux récits relevant du conte plutôt que de la fable... mais nous y reviendrons).

Nous verrons tout d'abord d'où sont issus ces deux récits et de quelle manière La Fontaine les modifie. Dans un deuxième temps, nous nous demanderons comment s'opère l'infléchissement moral simultané des deux motifs. Enfin, nous nous intéresserons à la portée méta-poétique de ce diptyque, témoin d'un certain rapport aux sources antiques et manifeste d'un art typiquement lafontainien de l'appropriation poétique.

…

Le titre de chacune des deux fables est suivi, ce qui est assez rare, de la mention de la source : *Daphnis et Alcimadure* est présentée comme une « imitation de Théocrite », et le poète signale que le « sujet » de *Philémon et Baucis* est « tiré des *Métamorphoses* d'Ovide », comme il le fera de nouveau pour *Les Filles de Minée*. Les deux fables se distinguent donc par leur ascendance antique et poétique revendiquée, même s'il s'agit de deux auteurs assez différents, et avec une nuance qui n'est pas anodine entre deux modes d'appropriation : l'imitation et l'inspiration.

Daphnis et Alcimadure reprend le motif de *L'Amant*, la vingt-troisième idylle, que nous considérons désormais comme apocryphe. Le personnage éponyme est un jeune homme qui se pend à la porte d'un éphèbe indifférent ; en guise de châtiment, celui-ci meurt écrasé par une statue du dieu Amour. Cette idylle a inspiré Ovide pour l'histoire d'Iphis et d'Anaxarète, que Vertumne raconte à Pomone au chant XIV des *Métamorphoses* afin de la séduire : on assiste à un semblable discours suivi du suicide de l'amant éploré à la porte de l'insensible ;

---

2 Autres exemples : *Simonide préservé par les dieux* (I/14), *Testament expliqué par Ésope* (II/20) ou encore *L'Oracle et l'Impie* (IV/19).

3 Paris, Claude Barbin, 1685 (tome I).

en revanche, le châtiment d'Anaxarète consiste à être changée en statue de pierre à la vue du cortège funéraire d'Iphis. Le motif fut ensuite imité par Jean-Antoine de Baïf, qui, dans son *Amour vengeur*[4], change comme Ovide l'éphèbe en jeune fille, mais pour le reste suit de très près l'idylle originale. La Fontaine, quant à lui, innove sur plusieurs points. Il donne tout d'abord des noms de son invention aux personnages : le jeune homme hérite d'un nom bucolique et romanesque, celui de l'éromène du dieu Pan et du héros de Longus ; quant à Alcimadure, les deux dernières syllabes de son nom annoncent son principal trait de caractère. L'intrigue est à peu près la même que chez le Pseudo-Théocrite, à plusieurs nuances près. Tout d'abord, le discours que tient l'amant à la porte de l'insensible évolue : très raccourci, il change également de tonalité. Le jeune homme de l'idylle se plaignait de la froideur de l'éphèbe, puis tentait de le fléchir en le mettant en garde contre des remords à venir avant de lui demander, à défaut de tout le reste, de bien vouloir lui élever un tertre sur lequel il se recueillerait. Daphnis, lui, ne vient voir Alcimadure que pour mourir :

> Il ne songea plus qu'à mourir ;
> Le désespoir le fit courir
> A la porte de l'inhumaine. [...]
> J'espérais, cria-t-il, expirer à vos yeux ;
> Mais je vous suis trop odieux,
> Et ne m'étonne pas qu'ainsi que tout le reste
> Vous me refusiez même un plaisir si funeste. (v. 38-40 et 47-50)

Daphnis fait d'Alcimadure son héritière, et, en plus de lui léguer sa fortune, charge ses compagnons de lui élever un temple, auprès duquel une humble stèle rappellera seule son propre souvenir

> Mon père, après ma mort, et je l'en ai chargé,
> Doit mettre à vos pieds l'héritage
> Que votre cœur a négligé.
> Je veux que l'on y joigne aussi le pâturage,
> Tous mes troupeaux, avec mon chien
> Et que du reste de mon bien
> Mes compagnons fondent un temple,
> Où votre image se contemple,
> Renouvelant de fleurs l'autel à tout moment.

---

4   *Tiers-Livre des Poèmes*, 5.

> J'aurai près de ce temple un simple monument ;
> On gravera sur la bordure :
> DAPHNIS MOURUT D'AMOUR. PASSANT, ARRÊTE-TOI... (v. 51-62).[5]

Puis le jeune homme meurt d'amour sans même avoir à se pendre[6]. Le fabuliste n'essaie pas de rendre Daphnis attachant, ni même de nous faire espérer avec lui la moindre pitié venant d'Alcimadure : l'effet est donc à la fois moins pathétique et moins dramatique. Sa principale originalité consiste d'ailleurs à déplacer d'emblée l'intérêt du lecteur sur la jeune fille, et non sur l'amant malheureux. Les onze premiers vers du récit lui sont exclusivement consacrés et dressent le portrait d'une nouvelle Artémis, « fier et farouche objet, toujours courant aux bois, / Toujours sautant aux prés, dansant sur la verdure » (v. 26-27) ; Daphnis, lui, est présenté très brièvement et le fabuliste développe peu son désespoir, qui chez Baïf faisait au contraire l'objet d'une véritable amplification. Enfin, suite à la mort d'Alcimadure, La Fontaine ajoute un épilogue de son invention : les deux jeunes gens se retrouvent aux Enfers, Alcimadure regrettant son attitude et voulant s'excuser auprès de Daphnis, qui refuse de l'entendre comme s'il regrettait quant à lui d'avoir si mal placé son amour[7]. « Imiter » l'idylle consiste pour La Fontaine à la prendre pour modèle, mais sans s'interdire de modifier l'intrigue : de poème élégiaque sur un amant malheureux, elle devient ainsi une fable sur une jeune fille justement punie de sa froideur.

Philémon et Baucis est repris plus fidèlement du célèbre épisode qui figure au Livre VIII des *Métamorphoses* d'Ovide. Lors d'une halte de Thésée chez le dieu-fleuve Achéloüs, celui-ci raconte à ses hôtes comment il a métamorphosé en îles cinq naïades qui lui avaient manqué de respect. Pour répondre à un convive sceptique selon lequel les dieux ne sauraient provoquer de telles métamorphoses, Lélex intervient et donne en exemple l'histoire de ce couple récompensé par Jupiter et Mercure pour son hospitalité, tandis que tous les autres habitants de leur contrée sont effroyablement punis. Le fabuliste suit toutes les étapes du récit ovidien : l'arrivée des dieux déguisés en mendiants dans un village où nul n'accepte de leur ouvrir sa porte, puis le bon accueil que

---

5 L'amant du Pseudo-Théocrite demandait à l'éphèbe de lui élever un tertre portant l'épitaphe : « Celui-là est mort d'amour ; passant, ne passe pas ton chemin, mais arrête-toi et dis : "Il avait un ami cruel." » (v. 47-48).

6 « À ces mots, par la Parque il se sentit atteint ; / Il aurait poursuivi, la douleur le prévint. » (v. 65-66).

7 « Tout l'Érèbe entendit cette Belle homicide / S'excuser au Berger, qui ne daigna l'ouïr, / Non plus qu'Ajax Ulysse, et Didon son perfide. » (v. 79-81).

leur font les seuls Philémon et Baucis, les préparatifs du repas, la reconnaissance de la nature divine des hôtes, le châtiment des villageois et la récompense des deux vieillards, qui voient leur misérable cabane changée en un temple dont ils deviennent les gardiens, avant d'être simultanément métamorphosés en arbres pour ne jamais être séparés. Mais par un procédé semblable à celui de la fable précédente, La Fontaine déplace la focalisation du récit : chez Ovide, on suivait les dieux et c'est avec eux que l'on rencontrait, après plusieurs vers, Philémon et Baucis ; La Fontaine, en revanche, peint d'abord ce couple exemplaire avant de le confronter aux dieux[8]. Ce changement de point de vue est tout sauf anodin : il révèle d'emblée une volonté de moraliser le récit en le centrant sur les personnages dont la vertu est en jeu, et non sur ceux qui l'évaluent. Il ne s'agit pas pour le fabuliste de prouver la puissance des dieux, mais de proposer un modèle d'amour et de piété. Outre quelques détails pittoresques de son invention, La Fontaine fait passer les scrupules et les diverses émotions ressenties par Philémon et Baucis au discours direct, afin de rendre le récit plus vivant, et allonge la métamorphose elle-même pour insister sur l'heureux sort de ses protagonistes : au vers 152 (« L'un et l'autre se dit adieu de la pensée »), l'accord au singulier renforce l'union des époux, de même que l'anaphore au vers 155 (« Même instant, même sort à leur fin les entraîne ») ou le parallélisme du vers suivant : « Baucis devient tilleul, Philémon devient chêne. » Le récit se métamorphose en histoire édifiante et se clôt sur l'image des deux arbres devenus un lieu de pèlerinage pour les époux voulant pérenniser leur amour[9]. Ovide, quant à lui, faisait de ce lieu un sanctuaire de la piété, où Lélex racontait avoir fait la prière suivante : « Dieux, divinisez et honorez ceux qui vous ont honorés »[10]. La Fontaine laïcise donc ce « sujet tiré d'Ovide » et invite le lecteur à méditer sur des vertus telles que l'hospitalité, la générosité et l'humilité plutôt que sur la piété en elle-même.

Il est intéressant de noter que déjà chez Ovide, l'histoire de Philémon et Baucis fonctionnait en complémentarité avec celle des Échinades, pour donner deux témoignages de la puissance des dieux, le premier négatif et le second positif. La Fontaine semble s'inspirer de cette structure faisant se succéder un contre-modèle et un modèle, mais toute son originalité consiste à réinventer et à faire se répondre l'idylle théocritéenne et l'histoire de Philémon et Baucis afin d'obtenir un diptyque original, mais thématiquement cohérent et adapté à un recueil de fables.

...

---

8   Pas moins de quatorze vers sont exclusivement consacrés à Philémon et Baucis.
9   « Pour peu que des époux séjournent sous leur ombre, / Ils s'aiment jusqu'au bout malgré l'effort des ans » (vv. 160-161).
10 *Métamorphoses*, VIII, 724.

Il obtient ainsi un couple de fables où les caractères et les situations se répondent point par point et dans lequel le destin de Philémon et Baucis devient le versant positif du triste sort de Daphnis et Alcimadure. Mais quelles vertus sont abordées ici, et comment ces deux récits issus de la poésie antique et si étrangers à la fable en acquièrent-ils la valeur allégorique ?

Le diptyque repose sur la logique du châtiment et de la récompense : Alcimadure, principale protagoniste de la première fable, est doublement punie (tuée par le dieu et méprisée par son amant aux Enfers), tandis que Philémon et Baucis sont doublement récompensés puisqu'ils sont tout d'abord sauvés et nommés gardiens du temple par lequel les dieux ont remplacé leur humble cabane, puis changés ensemble en arbres afin de ne pas connaître la douleur de la séparation. La Fontaine souligne cette logique transcendante en accentuant le rôle des dieux. Si Jupiter et Mercure étaient bien entendu déjà très présents dans l'histoire de Philémon et Baucis chez Ovide, Amour l'était chez le Pseudo-Théocrite sous la forme d'une statue – certes animée par celui qu'elle représentait d'une volonté de vengeance. Dans la fable, en revanche, une nette distinction est faite entre le dieu et sa statue[11]. Surtout, une mystérieuse voix intervient pour proclamer une sentence conclusive qui dans l'original était prononcée par l'éphèbe lui-même, en une manière d'épigraphe oralisée qui répondait à celle de l'amant[12]. Cette instance divine se voit donc confier non une morale en bonne et due forme, mais plutôt, sous l'apparence d'un constat solennel, une injonction à l'amour et une mise en garde : qui n'aime pas sera déclaré insensible et condamné à mourir à son tour. Mais ce sont en vérité les derniers vers qui contiennent la véritable morale, même si c'est sous la forme narrative d'un épilogue : en redoublant le châtiment d'Alcimadure, La Fontaine intériorise celui-ci et dote la jeune fille d'une conscience qui est loin d'être indispensable aux protagonistes des fables (combien d'entre eux meurent sans avoir eu le temps d'exprimer le moindre regret !), mais rend la leçon plus prégnante. On a vu que dès le départ, le poète déplace l'intérêt du récit de l'amant infortuné vers la belle insensible, choix qui opère efficacement la moralisation du motif : ce ne sont pas les malheurs de Daphnis qui comptent, mais la faute, le châtiment et enfin les regrets d'Alcimadure. Surtout, cet épilogue déplace le sens de l'histoire : éprouvant des remords mais dédaignée

---

11   « Elle insulta toujours au fils de Cythérée, / Menant dès ce soir même, au mépris de ses lois, / Ses Compagnes danser autour de sa statue » (vv. 70-72).

12   Dans l'idylle XXIII, le statue du dieu tombe sur l'éphèbe alors qu'il est aux bains : « L'eau prit la couleur du sang ; la voix de l'enfant en sortit et dit : Réjouissez-vous, vous qui aimez : celui qui haïssait a péri. Laissez-vous attendrir, vous qui haïssez : le dieu sait rendre justice. » (vv. 62-63) ; La Fontaine : « Une voix sortit de la nue, / Écho redit ces mots dans les airs épandus : / QUE TOUT AIME À PRÉSENT : L'INSENSIBLE N'EST PLUS » (vv. 74-76).

par Daphnis, la jeune fille a évolué et ne nous apparaît plus ici comme insensible – peut-être même est-elle enfin, et trop tard, sensible aux charmes de Daphnis ? Punie non seulement par les dieux courroucés, mais aussi par le jeune homme et par sa propre conscience, Alcimadure devient l'héroïne d'un drame moral et sentimental. Les deux amants sont ainsi opposés jusque dans la mort : si Daphnis regrette d'avoir aimé une insensible qu'il ignore désormais, elle, en s'excusant, semble avouer qu'elle regrette d'avoir été cette insensible. Tout à l'inverse, Philémon et Baucis se voient à jamais unis, de leur vivant comme par-delà la mort, après avoir été comblés de bienfaits par les dieux.

Ce châtiment et cette récompense fixés par les dieux, mais vécus intimement par les personnages viennent sanctionner des comportements jugés à l'aune de deux systèmes de valeurs qui fusionnent ici. La Fontaine entremêle systématiquement deux thèmes dans ce diptyque : l'amour et la piété. Si l'on pense aux nombreux personnages mythologiques punis par Aphrodite pour s'être montrés insensibles, autrement dit pour l'avoir méprisée[13], on avouera que ce thème n'est pas très original. Mais c'est le caractère systématique de cette association, la même d'une fable à l'autre, qui permet ici de réaliser l'intégration du diptyque au recueil de fables en superposant de manière novatrice la topique de la poésie bucolique et les valeurs promues dans les *Métamorphoses*. Chez Ovide, le récit de Lélex s'inscrivait dans une discussion sur la piété ; chez Théocrite, l'idylle qui a inspiré La Fontaine était plus élégiaque que morale. En rapprochant les deux, La Fontaine enrichit le sens de chaque récit et propose un couple de fables absolument cohérent à son lecteur. Au croisement de ces deux thèmes intervient le motif de la générosité et du don, qui établit d'ailleurs un lien entre le diptyque et l'ensemble du monde des *Fables*, régi par un paradigme économique de l'intérêt. On constate ainsi que l'histoire de Philémon et Baucis illustre chez La Fontaine les vertus de la frugalité[14]. L'éloge de cette vertu remplace une entrée en matière d'une autre nature, chez Ovide : Lélex décrivait le tilleul et le chêne entrelacés comme une preuve de la puissance des

---

13   Citons Hippolyte, Narcisse ou encore Pygmalion.
14   Ovide : « Immense et sans limite est la puissance du ciel : quoi que veuillent les dieux, c'est chose faite. Et pour t'ôter tes doutes à ce sujet... » (v. 618-620) ; La Fontaine : « Ni l'or, ni la grandeur ne nous rendent heureux ; / Ces deux divinités n'accordent à nos vœux / Que des biens peu certains, qu'un plaisir peu tranquille : / Des soucis dévorants c'est l'éternel asile / […] L'humble toit est exempt d'un tribut si funeste : / Le Sage y vit en paix, et méprise le reste ; / […] Approche-t-il du but, quitte-t-il ce séjour, / Rien ne trouble sa fin, c'est le soir d'un beau jour. / Philémon et Baucis nous en offrent l'exemple » (v. 1-4, 7-8 et 13-5).

dieux et se proposait par son histoire d'expliquer l'origine de ces deux arbres. Au récit étiologique est substitué un apologue explicitement moral. Chez Ovide, c'était déjà la générosité de Philémon et Baucis, intimement liée à leur bonheur conjugal, qui les distinguait des autres habitants de leur village ; La Fontaine renforce encore ce thème. Les paroles de Philémon lorsqu'il s'aperçoit que ses deux hôtes sont des dieux renvoient directement à l'éloge initial de la frugalité :

> Ces mets, nous l'avouons, sont peu délicieux,
> Mais quand nous serions Rois que donner à des Dieux ?
> C'est le cœur qui fait tout ; que la terre et que l'onde
> Apprêtent un repas pour les Maîtres du monde,
> Ils lui préféreront les seuls présents du cœur. (v. 81-85)

Daphnis, comme les deux vieillards, se signale par le don désintéressé : non seulement il fait don de toute sa fortune à Alcimadure, réalisant ainsi par-delà la mort ce qu'il aurait souhaité pouvoir faire de son vivant, mais il va jusqu'à faire élever un temple à sa maîtresse divinisée et ne demande pour perpétuer son propre souvenir qu'un modeste monument portant une épitaphe, sans rien oser réclamer à celle dont il se trouve indigne. Alcimadure, de son côté, non seulement ne fait pas grâce à son soupirant du moindre regard, mais ne la retrouve-t-on pas qui plus est « triomphante et parée » (v. 67) pour avoir obtenu de lui un héritage considérable, et l'honneur d'avoir un temple à son nom ? La Fontaine choisit donc de creuser encore davantage l'abîme entre les deux jeunes gens : un amant idolâtre prêt à tous les sacrifices et une jeune fille insensible et absolument cynique, capable de se réjouir et de se glorifier du bénéfice qu'elle retire de sa propre cruauté.

La Fontaine assure ainsi la cohérence interne de ce diptyque où le parallélisme des situations met puissamment en œuvre un système moral. Il parvient en outre à faire échapper *Daphnis et Alcimadure* à son caractère anecdotique grâce à l'épilogue aux Enfers qu'il invente. La fable acquiert ainsi une dimension d'éternité qui allégorise le récit et le fait entrer de plain-pied dans l'univers de la fable, sur le modèle de *Philémon et Baucis* qui avait déjà une image finale emblématique des vertus du couple : deux arbres entrelacés procurant aux passants le bienfait de leur ombre – image de fertilité, en outre, comme pour compenser l'absence d'enfants. Voici donc deux couples, l'un jeune et désuni dans la vie comme dans la mort, l'autre âgé et uni à jamais. À une éternité de regrets et de repentir répond une éternité d'amour et de félicité : par leur dialogue, les deux fables trouvent parfaitement leur place dans le recueil de fables.

Cette dimension allégorique est très bien rendue par les deux vignettes de l'édition originale, qui se font étroitement écho [fig. 1 et 2]. Au portique des Enfers dans la gravure de *Daphnis et Alcimadure* répond la colonnade du temple représenté au second plan de celle de *Philémon et Baucis* ; le premier clôt, sépare et enferme les personnages là où la seconde, mise en valeur en haut d'une volée de marches, n'empêche pourtant pas le regard d'aller jusqu'à un arrière-plan lointain. L'atmosphère de la première vignette est sombre et dramatique, celle de la seconde sereine et lumineuse. La composition de l'épisode aux Enfers qui illustre *Daphnis et Alcimadure* est également intéressante à un autre titre. On reconnaît Alcimadure, réduite à poursuivre Daphnis aux Enfers, dans une inversion très significative de la situation passée ; à l'arrière-plan, le nocher Charon et Ixion sur sa roue enflammée. La traversée du Styx, placée derrière la figure d'Alcimadure, symbolise son arrivée dans les Enfers, tandis que le supplice d'Ixion fonctionne comme une image métonymique du séjour des âmes. Mais le choix de ce mythe en particulier est également susceptible d'entrer en résonance avec l'histoire de Daphnis et d'Alcimadure. Ixion endura son supplice pour avoir osé faire des avances à Héra ; afin de le confondre, Zeus lui présenta un nuage ayant la forme de son épouse, qu'Ixion dupé étreignit. Ixion est donc coupable d'avoir fait preuve d'*hybris* en aimant trop au-dessus de sa condition, et l'épisode du nuage vaut comme symbole du caractère illusoire de cet amour. Comment ce mythe s'applique-t-il à la fable de La Fontaine ? La figure d'Ixion pourrait correspondre à Daphnis, comme le suggère d'ailleurs la disposition de la scène dans la vignette : tel Ixion, Daphnis a souffert d'aimer une femme qui ne voulait pas de lui. Mais l'analogie avec Alcimadure est plus convaincante : à l'instar d'Ixion sur sa roue, elle est désormais torturée par des remords qui sont peut-être déjà le début d'un sentiment amoureux à l'égard du jeune homme, lequel la méprise désormais comme indigne de lui.

Dans le texte intitulé *Oraison funèbre d'une fable*, Paul Valéry rend un hommage mélancolique à *Daphnis et Alcimadure*, fable exsangue et bien oubliée, fantomatique à l'image de ses héros aux Enfers[15]. Ce texte serait condamné à ne plus intéresser le lecteur moderne, tant il semble tourné vers le passé et un horizon de références qui nous échappe. Sa grâce un peu surannée sut encore séduire à l'époque rococo, puisqu'elle inspira à Jean-Joseph Cassanéa de Mondonville un opéra en occitan, représenté pour la première fois devant la

---

15   « Œuvre pâle et parfaite, pièce noble et sans force, enfant très délicate d'entre les dernières enfants de La Fontaine, cette fable elle-même n'est-elle point une Ombre littéraire, une apparence de poème errante et presque invisible au regard d'une postérité qui la refuse sans le savoir ? », (Paul Valéry, *Œuvres 1*, Paris, Gallimard, coll. « Bibliothèque de la Pléiade », Jean Hytier éd., 1957, p. 496).

cour à Fontainebleau en 1754 et célèbre en son temps. L'intrigue est complètement modifiée : il ne s'agit plus que d'une banale pastorale dans laquelle Alcimadure met à l'épreuve la sincérité de son amant Daphnis et qui se termine bien, comme il se doit. L'opéra ne dut donc son succès qu'à sa couleur bucolique et à une évacuation totale de sa valeur morale ; piètre adaptation, très réductrice, ce qui est d'autant plus regrettable que l'appropriation par La Fontaine de l'idylle originale était, elle, bien plus riche. Celle du récit ovidien ne l'est pas moins, et l'idée originale de les accoler l'une à l'autre en fait bien autre chose que des pastiches.

...

Nous avons vu comment La Fontaine opérait l'intégration de chaque fable et du diptyque en tant que tel au recueil ; reste à savoir pourquoi il a choisi précisément ces deux textes, c'est-à-dire ce que leur ascendance antique apporte à ces fables. En quoi ce diptyque est-il révélateur de l'art lafontainien de l'appropriation et nous renseigne-t-il sur son goût si prononcé pour l'Antiquité ?

Chacun des deux récits peut séduire par son atmosphère antique. La Fontaine accentue à dessein l'impression de dépaysement, notamment en renforçant la présence du personnel mythologique dans chacune des deux fables. Dans la première, Amour, désigné par la périphrase « le fils de Cythérée » (v. 70), intervient comme personnage, et non pas seulement comme statue ; de même, c'est « la Parque » qui tue Daphnis, et Écho qui répète la phrase prononcée par une mystérieuse voie divine[16]. Enfin, « tout l'Érèbe » (v. 89) est témoin du repentir d'Alcimadure, et Daphnis « ne daigne l'ouïr/ non plus qu' Ajax Ulysse et Didon son perfide » (v. 81) Énée. L'ajout de toutes ces allusions souligne l'ancrage mythologique du récit et permet au poète de rendre hommage à Homère et Virgile, notamment, dans le dernier vers. Est-ce par là qu'il nous a rendu, comme le regrette Valéry, cette fable à jamais étrangère ? Non, mais il manifeste bien plutôt son ambition d'annexer de nouveaux territoires à l'univers des *Fables*. Dès les premiers livres, le décor en était un curieux hors-lieu et hors-temps où un monde rural, parfois d'allure médiévale, prenait au détour d'un vers une coloration antique. Mais avec les fables mythologiques du Livre XII, et avec ce diptyque en particulier, le fabuliste affirme plus que jamais l'appartenance des fables au monde des Anciens. La Fontaine a recours à des procédés semblables dans *Philémon et Baucis*. Il multiplie tout d'abord les allusions aux divinités allégoriques : Clothon « file la trame » (v. 20) du bonheur de Philémon et Baucis, unis dès leur jeune âge par « Hyménée et l'Amour » (v. 17) ; la tempête provoquée par les dieux pour punir ceux qui leur avaient fermé leur

---

16   Voir v. 65 et 75.

porte, qui n'était même pas évoquée chez Ovide, devient ici un spectacle impressionnant, et le ton se fait volontiers épique[17]. Le fabuliste prend encore prétexte des scènes peintes par les dieux sur le temple qui commémore leur passage pour citer Zeuxis et Apelle[18], de même qu'il convoque dans son hommage final au duc de Vendôme Clio[19] et ses sœurs, Jupiter, Apollon, l'Envie et le Temps, les Héros ou encore Homère[20]. Si de telles allusions font fréquemment l'objet d'une certaine ironie de la part du fabuliste, elles semblent ici très sérieuses[21] : il s'autorise d'un modèle et d'une source, mis en avant dès le titre, pour faire des fables « à l'antique ».

Tout en mettant en avant cette saveur conforme à l'ascendance revendiquée des deux fables, La Fontaine actualise d'un autre côté chacune d'elles en impliquant le lecteur par les dédicaces qui précède la première et conclut la seconde ; cette disposition en chiasme souligne d'ailleurs la clôture du diptyque sur lui-même. Dans la première, il rend hommage à Mme de La Mésangère et à sa mère Mme de La Sablière : comme souvent lorsqu'il s'adresse aux dames, c'est le ton de la galanterie qu'il emploie pour louer « les grâces » qui font de la première l'« Aimable fille d'une mère / À qui seule aujourd'hui mille cœurs font la cour » (v. 1-2). Mais l'hommage galant se transforme bientôt en avertissement à cette jeune veuve peu encline à se remarier :

> Gardez d'environner ces roses
> De trop d'épines, si jamais
> L'Amour vous dit les mêmes choses ;
> Il les dit mieux que je ne fais.
> Aussi sait-il punir ceux qui ferment l'oreille
> À ses conseils. Vous l'allez voir. (v. 17-22)

---

[17] Le vers 105 (« Des Ministres du Dieu les escadrons flottants ») offre ainsi une périphrase sophistiquée pour désigner les nuages, avec une antéposition du complément du nom caractéristique du registre épique.

[18] Voir v. 119.

[19] Voir v. 165 et 187.

[20] Voir v. 170, 172, 184, 185, 187, 189.

[21] Tout au plus trouve-t-on une fois dans *Philémon et Baucis* le nom burlesque de Jupiter, Jupin (v. 96). Pour ne citer qu'un seul exemple de la dérision du poète envers ses propres enrichissements mythologiques, rappelons ces vers de la deuxième fable du Livre x, *La Tortue et les Deux Canards* : « Vous verrez mainte république, / Maint royaume, maint peuple ; et vous profiterez / Des différentes mœurs que vous remarquerez. / Ulysse en fit autant. On ne s'attendait guère / De voir Ulysse en cette affaire. » (x/2, v. 10-14).

Le dispositif d'actualisation de la fable *Philémon et Baucis* est plus complexe. Outre l'éloge de la frugalité initial, on trouve à la fin de la fable un éloge du duc de Vendôme dans lequel le poète en appelle à ce puissant protecteur des vertus et des arts. Le dédicataire n'a guère laissé le souvenir d'un homme humble ou frugal ni d'un grand défenseur de la vertu, mais plutôt d'un débauché, si bien que cette conclusion paraît quelque peu inappropriée. Le seul point commun entre le duc de Vendôme et Philémon et Baucis serait l'hospitalité, puisque La Fontaine rappelle que ce prince, qui fut son protecteur à la fin de sa vie, accueille les arts dans son château d'Anet[22]. Quoi qu'il en soit, il s'agit dans les deux cas de destinataires particuliers, mais dont les traits moraux restent suffisamment généraux pour montrer à tout lecteur par quelles voies il peut faire siens le récit et la réflexion à laquelle il invite. Le cas de *Philémon et Baucis* est particulièrement intéressant : si le lien entre les vertus mises en avant par la fable (frugalité, fidélité, vertu) et le duc de Vendôme laisse pour le moins perplexe, La Fontaine investit en revanche cette fable d'une émotion personnelle à peine amorcée, comme voilée par la pudeur, qui rappelle les célèbres vers des *Deux Pigeons* :

> On va les voir encore, afin de mériter
> Les douceurs qu'en hymen Amour leur fit goûter :
> Ils courbent sous le poids des offrandes sans nombre.
> Pour peu que des époux séjournent sous leur ombre,
> Ils s'aiment jusqu'au bout malgré l'effort des ans.
> Ah ! si... Mais autre part j'ai porté mes présents.
> Célébrons seulement cette métamorphose. (v. 157-163)

Le regret que le poète met en scène pour aussitôt le taire donne une certaine épaisseur à l'exemplarité de la fable. Il s'offre ainsi lui-même en exemple d'une réception intime de récits pourtant peu canoniques et déjà quelque peu anachroniques pour ses contemporains.

La Fontaine s'approprie donc les Anciens afin d'en faire partager le goût à ses lecteurs, quitte à faire plus « antique » que l'original ; dans ce but, il s'efforce de les impliquer dans une réflexion morale universelle, secondée occasionnellement par une émotion intime. Cette triple dimension s'élabore au sein du diptyque dans un « lieu de mémoire » privilégié et représenté au sein-même des fables en question. Il est significatif en effet qu'un temple joue un grand rôle non seulement dans *Philémon et Baucis*, comme chez Ovide, mais aussi

---

22 « On dit qu'elle et ses sœurs, par l'ordre d'Apollon, / Transportent dans Anet tout le sacré vallon. » (v. 189-190).

dans *Daphnis et Alcimadure*. Ces temples sont bien sûr liés à la dimension religieuse de chacune des deux fables, mais ils emblématisent également l'ambition du poète de les faire accéder à leur pleine et durable capacité d'édification du lecteur. Il s'agit dans un cas d'un temple aux dieux, dans l'autre à une mortelle divinisée, mais il y a plus intéressant : au pied du temple d'Alcimadure doit se trouver le monument funéraire consacré à Daphnis, destiné à être un lieu de recueillement, de même que le tilleul et le chêne en quoi sont transformés Philémon et Baucis deviennent un lieu de pèlerinage. C'est aux vertus de ces personnages que sont consacrés les sites et les fables elles-mêmes, comme pour inscrire à l'intérieur même de chacune sa propre portée morale, mais aussi sa capacité à perdurer en incitant le passant, c'est-à-dire le lecteur, à méditer et à laisser libre cours à son émotion.

La Fontaine élève avec ce diptyque un temple symbolique aux Anciens et à leur inépuisable legs, révélant un art de l'appropriation qui repose sur une grande maîtrise de l'*aptum* générique, compris de manière souple et inventive, mais aussi sur la capacité à créer des liens originaux par-delà les langues, les genres et les siècles.

Les vingt-quatrième et vingt-cinquième fables du Livre XII forment donc un véritable diptyque éthique et esthétique : celui-ci tire toute sa force plaisante et signifiante de l'association originale de deux motifs que La Fontaine s'approprie et fait entrer en résonance. Ce couple de fables consacré aux liens indéfectibles entre l'amour et la piété apparaît en outre, dans le douzième Livre, comme un testament qui unit le conteur au fabuliste, l'auteur galant à celui d'après la conversion, le défenseur des Anciens au poète toujours soucieux de modernité. Il prend donc bien tout son sens au sein des *Fables*, et au-delà dans l'œuvre de La Fontaine comme un temple de Mémoire : injustement oublié, ce diptyque témoigne de son admiration intacte à l'égard de ces grands inspirateurs qu'étaient les Anciens et de sa capacité à les faire dialoguer en y ajoutant sa voix personnelle, afin de faire entrer l'intime au cœur même de l'universel. Si Valéry concluait tristement l'*Oraison funèbre d'une fable* par son célèbre « Tout s'achève en Sorbonne »[23], nous espérons avoir montré que *Daphnis et Alcimadure* sort revivifiée de l'examen du diptyque, et n'est pas seulement un délicat exercice de style au sein du Livre XII. C'est une des deux faces d'une médaille parfaitement représentative de l'art d'orfèvre dont La Fontaine avait le secret pour faire renaître en chaque lecteur les œuvres qu'il aimait et qui l'inspiraient, en les réinventant pour mieux retrouver leur fraîcheur originelle.

---

23   Paul Valéry, *Œuvres I, op. cit.*, p. 498.

Cette étude ne serait pas complète sans une dernière remarque. Une série peut en cacher une autre, et à examiner de trop près ce diptyque mythologique on en oublierait presque que les deux fables suivantes, qui n'ont quant à elles rien de mythologique, mettent cependant elles aussi en scène des couples mariés, quoique séparés par la mort. *La Matrone d'Éphèse* est reprise du célèbre conte inséré dans le *Satyricon* de Pétrone, qui raconte comment une veuve éplorée retrouve bien vite goût à la vie avec un beau soldat sur la tombe même de son mari, dont elle substituera finalement le cadavre à celui d'un pendu sur lequel devait veiller son amant – récit grivois et joyeusement désinvolte vis-à-vis de la fidélité à l'être aimé. Cette fable s'inscrit donc en rupture radicale avec l'éloge de la vie conjugale qui conclut *Philémon et Baucis*, au point de jeter de sérieux doutes sur la sincérité de celui-ci. *Belphégor*, fable inspirée d'un conte misogyne de Machiavel, aggrave encore cette prise de distance : on y voit un démon faire la triste expérience du mariage et de ses embarras, et retourner aux Enfers[24] pour fuir son épouse, la belle, riche mais insupportable Honnesta. Ce ménage désuni et le cadre des Enfers sont aux antipodes de *Philémon et Baucis* mais entrent en résonance avec *Daphnis et Alcimadure*. Une série thématique de l'union et de la vie conjugale se dessine ici, plus lâche que le diptyque mythologique mais pleine de jeux de symétrie qui invitent à nuancer, voire à relativiser leurs morales respectives. Cette mise en série s'opère en dépit d'une radicale différence d'inspiration : à deux fables mythologiques, dont on a montré que leur place dans un recueil de fables n'allait déjà pas de soi, succèdent deux récits qui auraient bien davantage leur place dans les *Contes* – l'un ancien, l'autre moderne. Le fabuliste se montre d'ailleurs beaucoup moins soucieux de moraliser ces fables que les deux précédentes. On voit donc ici que le Livre XII est bien celui de tous les mélanges : La Fontaine s'y révèle dans son extrême diversité en faisant dialoguer non seulement les Anciens entre eux, mais également les Anciens et les Modernes. Il réitèrera d'ailleurs ce métissage dès la fable suivante, *Les Filles de Minée*, en elle-même une série de fables enchâssées où deux récits d'origine ovidienne sont suivis d'un troisième tiré d'une épigraphe latine recueillie par Boissard, puis d'un dernier imité de Boccace. Le couple trop parfaitement assorti que formaient *Daphnis et Alcimadure* et *Philémon et Baucis* a volé en éclats pour proposer un modèle matrimonial entre fables beaucoup plus souple, et dans lequel le poète joue le rôle d'un marieur particulièrement inventif et fort espiègle.

---

24   Et non en Enfer (« Un jour Satan, Monarque des Enfers », XII/27, v. 1) : La Fontaine superpose délibérément les univers chrétien et païen, comme pour assurer la continuité entre cette fable et les trois qui la précèdent.

Fables sans animaux

Marc Escola

La postérité a si bien attaché le nom de La Fontaine au genre de la fable animalière que l'on veut croire que le poète n'a écrit que des fables et qu'il n'est de fable que d'animaux : c'est méconnaître le nombre de fables sans animaux dans les douze livres des *Fables* ; et c'est ne pas vouloir se souvenir que le fabuliste est l'auteur de deux recueils de *Contes* au moins, dont la rédaction et la publication sont exactement contemporaines de la diffusion des *Fables*. Ici comme ailleurs, manque d'attention et défaut de mémoire ont partie liée. Pour pallier le premier, tentons d'abord de remédier au second.

Souvenons-nous donc : à la date de parution du premier volume d'apologues (Barbin, 1668 : nos six premiers Livres actuels ou *Premier Recueil*), La Fontaine a déjà gagné une manière de notoriété avec un recueil de *Contes et nouvelles en vers* inspirés de Boccace et de l'Arioste, imprimé par le même Barbin (fin 1664), et à la faveur d'une querelle avec un autre traducteur de l'Arioste orchestrée tout autant qu'arbitrée par Boileau dans une *Dissertation sur Joconde*. Treize nouveaux contes viennent former quelques mois plus tard une *Deuxième Partie*, toujours chez Barbin (1666). La *Troisième Partie* dut attendre le début de l'année 1671, mais Barbin avait pris dès 1667 un privilège pour elle, en même temps que … pour les premières *Fables* : La Fontaine comme son éditeur avaient, comme on dit, de la suite dans les idées. Trois ans plus tard, ce furent les *Nouveaux Contes de M. de La Fontaine* (à l'adresse factice de « Gaspard Migeon à Mons », sans privilège ni permission), recueil plus ouvertement licencieux, très vite interdit à la vente sur ordonnance du Lieutenant de Police La Reynie (avril 1675). Mais c'est encore Barbin qui fit paraître en 1678 et 1679 une nouvelle édition des *Fables*, en quatre tomes et onze livres désormais, dont cinq nouveaux (*Second Recueil*). Il en va ensuite des contes comme des fables : La Fontaine mettra régulièrement en circulation des pièces isolées, sans s'interdire de renouer avec la veine licencieuse, au lendemain encore de son élection orageuse à l'Académie (1683) et même, bien plus tard, en dépit de la scène fameuse où le poète fut amené à désavouer le « livre infâme » devant une délégation de cette même Académie (début 1693). L'ultime recueil imprimé par Barbin en septembre de cette même année 1693 (daté 1694) sous le titre de *Fables choisies*, qui forme pour nous le Livre XII, mêle tranquillement aux apologues nouveaux quelques contes qui ne doivent rien à la tradition ésopique, et pour certains déjà publiés comme tels.

∴

Il faut prendre acte de cette évidence : les deux chronologies n'en font qu'une, et renoncer une fois pour toutes à la position de confort, ou à la solution de paresse, qui voudrait que La Fontaine soit l'auteur de deux œuvres pour continuer à ignorer l'une des deux. On doit plutôt en venir à cette question sur l'inspiration du poète : l'apologue était-il bien son genre ? Mme de Sévigné, qui savait lire, avait à sa façon tranché la question dès le mois de mai 1671, à la découverte d'un volume de *Fables nouvelles et autres poésies* (Barbin encore) mêlé de quelques pièces religieuses qui ne furent pas du goût de la Marquise :

> Je voudrais faire une fable qui lui fît entendre [*i.e.* à La Fontaine] combien cela est misérable de forcer son esprit à sortir de son genre, et combien la folie de vouloir chanter sur tous les tons fait une mauvaise musique. *Il ne faut point qu'il sorte du talent qu'il a de conter.*[1]

Faisant tenir tout l'art de La Fontaine dans cette unique formule, Mme de Sévigné ne fut jamais tentée d'opposer le poète au conteur, et ne se faisait pas faute de railler sur ce point la prude Mme de Grignan. Rousseau de son côté, qui avait ses raisons pour ne pas s'en laisser conter sur les rapports entre morale et fiction, regardait du même œil le poète des *Fables* et le conteur grivois :

> Il faut une morale en paroles et une en actions dans la société, et ces deux morales ne se ressemblent point. La première est dans le catéchisme, où on la laisse ; l'autre est dans les fables de La Fontaine pour les enfants, et dans ses contes pour les mères. Le même auteur suffit à tout.[2]

Pour La Fontaine lui-même, « conte » et « fable » sont termes non pas exactement synonymes mais bien interchangeables (voyez *Le Pâtre et le Lion*, VI/1, v. 4)), et « conter la fable » est le mot même du fabuliste (voyez *Le Loup et le Renard*, XII/9, v. 28).

Si donc *Fables* et *Contes* ont bien un même auteur, et si La Fontaine est l'homme d'un seul genre, faudra-t-il encore distinguer entre deux publics (« naïf » pour les premières, « averti » pour les seconds) et deux régimes de lecture (allégorique ici, allusif là) ? Le conteur universel s'adressait bien, dans ses différents recueils et aussi curieux que la chose nous paraisse aujourd'hui, à un même public : celui des « barbinades », rôdé à tous les jeux de lecture pour avoir acquis dans ces mêmes années, sous la même enseigne et chat en

---
1 Mme de Sévigné, *Correspondance I*, Roger Duchêne éd., Paris, Gallimard, 1972, p. 247 (lettre du 6 mai 1671). Nous soulignons.
2 Rousseau, *Œuvres complètes IV*, Bernard Gagnebin et Marcel Raymond éds, Paris, Gallimard, 1969, p. 357.

poche, *Les Précieuses ridicules*, les *Lettres portugaises*, les *Satires*, le *Roman Bourgeois* ou les *Maximes*.

On voit où il s'agit d'en venir, car nous y sommes depuis le début : on posera que les contes sont à leur façon des fables sans animaux, et que les douze livres des *Fables* accueillent en leur sein, avec les fables sans animaux, d'authentiques contes.

...

Peut-on seulement les dénombrer ? L'exercice rencontre vite ses limites, qui nous seront un premier enseignement.

Dessinons d'abord l'archétype de la fable-de-La Fontaine, dont la tradition paraît avoir déduit les trois traits principaux des dix premiers apologues du livre inaugural : la fable met aux prises deux animaux au moins, qui apparaissent comme les actants principaux du drame (1) et semblablement doués de parole (2), fût-ce le plus souvent au style indirect, dans une situation constitutivement invraisemblable qui appelle donc une interprétation transcendante obligée (3) : les animaux figurent explicitement des hommes, et l'histoire narrée renvoie à une situation de notre existence (« Je me sers d'animaux pour instruire les hommes », selon la formule célèbre de la dédicace des premières *Fables* à Monseigneur le Dauphin). Les actants inanimés à statut allégorique obligé – le Chêne, le Pot de Fer, un organe même dans *Les Membres et l'Estomac* (III/2) –, dès lors que doués de parole (« tout parle en mon ouvrage », *ibid.*), ont rang d'animaux en ce sens-là. C'est retrouver à peu près la sûre définition de Furetière, à l'article « Fable » de son *Dictionnaire* (1690) : « Fiction d'un entretien de deux ou plusieurs animaux, ou de choses inanimées, d'où on tire quelque moralité ou plaisanterie » (l'alternative finale affiche une belle indifférence envers la fonction didactique de l'apologue, et partant peut-être à l'égard de la distinction entre fables et contes).

Cet archétype permet-il de circonscrire *a contrario* l'ensemble des « fables sans animaux » ? La chose n'est rien moins qu'aisée : parce que les *Fables* engagent régulièrement une réflexion sur les rapports entre hommes et animaux, nombre d'apologues placent face à face un homme et un animal dépouillé de tout statut allégorique pour être mis en scène comme représentant de son espèce (exemple canonique : *L'Homme et la Couleuvre*, X/1) ; d'autres sont donnés à lire comme des documentaires animaliers venant illustrer *littéralement* l'intelligence des bêtes en tant que telles, sans plus solliciter une interprétation allégorique (ainsi de l'apologue *Les deux Rats, le Renard et l'Oeuf* dans le *Discours à Mme de La Sablière* à la fin du Livre IX ; ou de l'anecdote *Les Souris et le Chat-huant* (XI/9), qui n'a que « l'air » d'une fable). Ces deux catégories, et quelques autres (histoires de métamorphoses animales, fables doubles qui traduisent une même *fabula* dans les deux codes, à l'instar du diptyque *Le Héron. La Fille* dans le Livre IV, etc.), suffisent à brouiller le partage entre fable animalière et fable sans animaux.

Et pourtant : un parcours Livre à Livre permet de repérer que *plus d'une fable sur quatre ne relève pas de l'archétype de la fable animalière*, soit que toute présence animale en soit bannie (1), soit que les animaux n'y prennent pas la parole sous quelque forme que ce soit (2), soit que l'interprétation allégorique n'en soit pas vraiment requise (3). On en fera l'épreuve en s'essayant à un rapide relevé (les bons comptes font les bons amis) sur le Livre premier, où figurent quelques-unes des fables animalières les plus connues.

Les dix premiers apologues sont (logiquement) conformes à l'archétype de la fable animalière : la septième (*La Besace*) ne fait pas même exception, où Jupiter, à l'instar du Lion dans telle autre fable, fait comparaître Singe, Ours, Eléphant et Fourmi. Il en va indéniablement de même pour la série finale formée des fables 18 (*Le renard et la cigogne*), 20 (*Le Coq et la Perle*, encore que le Coq y soit seul à parler à un homme de l'art, qui l'entend apparemment), 21 (*Les Frelons et les Mouches à Miel*) et 22 (*Le Chêne et le Roseau*). Tout l'intervalle est en revanche diversement peuplé de fables sans animaux : on y voit des hommes affronter leur semblable (13, *Les Voleurs et l'Ane*, où l'animal a rang de simple objet de dispute ; 14, *Simonide préservé par les Dieux* ; 19, *L'Enfant et le Maître d'Ecole*), le sexe opposé (17, *L'Homme entre deux Ages et ses deux Maîtresses*), leur « image » (11, *L'Homme et son Image*, dont la dédicace à La Rochefoucauld suffit à signaler le statut d'exception, au centre géométrique du livre), ou la mort (sous oripeau allégorique : 15-16, *La Mort et le Malheureux, La Mort et le Bûcheron*). Le cas de la fable 12 (*Le Dragon à plusieurs Têtes et le Dragon à plusieurs Queues*) est plus ambigu, non pas tant en regard du statut zoologique des dragons (dont on pourrait débattre longuement) que dans la mesure où l'anecdote animalière possible d'une lecture allégorique se trouve narrée par un être humain à un autre être humain, dans un dialogue où nulle bête n'est appelée à prendre la parole – si bien que la fable enchâssée peut être regardée comme une fable animalière quand la fable-cadre est une fable sans animaux ; le modèle est déjà celui de l'apologue, plus célèbre, sur *Le Pouvoir des Fables* (VIII,/4).

On hésite donc sur le nombre exact de fables sans animaux au sein de ce premier livre : disons sept ou huit (si l'on compte pour deux les fables 15 et 16), sur vingt-deux pièces : soit environ 30 %. Le chiffre reste le même à l'échelle du *Premier Recueil*, mais en moyenne seulement : il oscille entre 20 % pour le Livre II et 38 % pour le Livre V – nonobstant quelques hésitations faciles à trancher ou à apprivoiser : *Le Chameau et les Bâtons flottants* (IV, 10) ou *Le*

Cygne et le Cuisinier (III, 12) sont bien des fables sans animaux, dès lors que les bêtes n'y manifestent pas d'autres qualités qu'animales. La proportion est bien supérieure dans le *Second Recueil*, où La Fontaine, comme on sait, diversifie largement ses sources: le nombre d'apologues non animaliers s'établit régulièrement à plus de 40 % et s'élève à 50 % au moins pour les Livres VII et IX.

Le compte est, comme on s'en doute aussi, plus délicat à établir pour le Livre XII : un lecteur hâtif sera tenté de rapporter au modèle de la fable animalière la série qui ouvre le recueil, soit près de la moitié de ses vingt-neuf apologues, et se rassurera (à bon compte) en considérant que l'éditeur de ce *Troisième Recueil* a rangé à leur suite quelques récits qui ne sont pas vraiment des fables. Il se pourrait toutefois que le ressort même de la fable inaugurale, *Les Compagnons d'Ulysse*, où les compagnons métamorphosés refusent de revenir à la condition humaine (« Je ne veux point changer d'état », XII/1, v. 98), arme ce *Troisième Recueil* comme un piège, en jetant le trouble sur le statut des autres figures animales (troubles non dans le genre mais dans l'espèce) : qu'en est-il de ce singe « plus sage que son maître » (XII,/3, v. 14), qui rend régulièrement « le compte imparfait » (v. 16) ? De ces deux chèvres, aussi taciturnes que butées (*Les deux Chèvres*, XII/4) ? De ce milan entêté, qui garde le silence au moment où le fabuliste « se tai[t] » (XII/12, v. 34), capable pourtant de « conter en deux façons » (v. 89) un incident de lèse-majesté ? Autant de bêtes résolument obstinées dans leur comportement animal, et autant d'apologues où la bonne marche de l'allégorie se trouve entravée. Dira-t-on de l'énigmatique fable 19, sobrement intitulé *Le Singe*, qu'elle est une authentique fable animalière – mais de quelle « espèce » est donc ce personnage tout parisien ? Que penser encore de ce renard qui n'a d'anglais que le nom et rien d'allégorique, au sein d'un apologue enchâssé dont le « sujet » réside manifestement ailleurs que dans la ruse de l'animal traqué (XII, 23, *Le Renard anglais* – titre qui ferait un surnom passable pour Saint-Évremond, lequel refusa en 1689 de revenir en France après plus de vingt ans d'un exil anglais où il avait efficacement fait le mort) ?

• • •

Il vaudrait la peine de réunir l'ensemble de ces « fables sans animaux » pour les lire à la suite ; sans doute pourrait-on alors tenter de distinguer différentes séries dans ce recueil qu'on aurait tort de dire factice : d'un côté des *fabliaux*, soit ces fables dont l'intrigue (bien souvent : un mécompte) se joue entre hommes (*Le Meunier, son Fils et l'Ane*, III/1 ; *L'Avare qui a perdu son Trésor*, IV/20), ou plus régulièrement entre homme(s) et femme(s) (*L'Homme entre deux Ages et ses deux Maîtresses*, I/17 ; *La Femme noyée*, III/16) - tous apologues qui *auraient pu* être des contes, quelle que soit leur source effective ; de l'autre des *exempla*, où une courte anecdote, de l'ordre du fait-divers, est constituée en parabole à méditer (*L'Enfant et le Maître d'Ecole*, I/19 ; *Le Berger et la Mer*, IV/2 ; la fable double *La Laitière et le Pot au Lait – Le Curé et le Mort*, VII,/9 -10) ; une troisième série, moins bien représentée, est celle qui fait intervenir des figures mythologiques ou des entités personnifiées (*Simonide préservé par les Dieux*, I/14 ; *Le Bûcheron et Mercure*, V/1 ; *Jupiter et le métayer*, VI/4). Mais il n'est pas sûr qu'il y ait lieu ici de distinguer : parce qu'elles nous donnent à comprendre que tout apologue est un conte en puissance, les fables sans animaux occupent tout le centre de la chaîne de l'évolution qui conduit, sans solution de continuité, de la fable animalière au conte licencieux.

La toute fin de la « Préface » des premières *Fables* serait à relire dans cette perspective. Dans l'étrange supplément (« J'ai déjà passé la longueur ordinaire des préfaces ... ») où l'essentiel se joue en quelques lignes particulièrement retorses, La Fontaine oppose d'abord Ésope et Phèdre à « Aristote » (qui n'en peut mais) pour « admettre les hommes » dans les fables, puis renvoie tous les « fabulistes » dos à dos pour rendre facultatif l'énoncé de cette « moralité », dont il vient pourtant de rappeler qu'elle est à la fable ce que « l'âme » est au « corps »…. Une fable sans moralité et qui admet un personnel humain ? C'est la définition du conte. Un corps privé d'âme ? C'est la définition de l'animal dans la doctrine chrétienne (et celle de Descartes), mais nullement dans la pensée de La Fontaine, qui, ne séparant pas l'âme du corps, peut bien « se dispenser » de l'hypothèse de l'âme en « pass[ant] par-dessus les anciennes coutumes ». Pour qui sait lire entre les lignes, ce supplément sent le fagot.

• • •

De derrière les fagots, on tirera maintenant, à peu près au hasard, l'une de ces fables sans animaux ; aussi bien a-t-on déjà passé ici la longueur ordinaire des introductions.

Et le hasard a voulu que l'échantillon tienne dans l'une de ces fables qui semblent avoir échappé aux plus prolixes commentateurs :

VIII, 6
Les Femmes et le Secret

> Rien ne pèse tant qu'un secret :
> Le porter loin est difficile aux dames :
>   Et je sais même sur ce fait
>   Bon nombre d'hommes qui sont femmes.

FIGURE 1
1693, Daniel de la Feuille

5 – Pour éprouver la sienne un mari s'écria
La nuit étant près d'elle : ô dieux ! qu'est-ce cela ?
   Je n'en puis plus ; on me déchire ;
Quoi j'accouche d'un œuf ! D'un œuf ? Oui, le voilà
Frais et nouveau pondu : gardez bien de le dire :
10 – On m'appellerait poule. Enfin n'en parlez pas.
   La femme neuve sur ce cas,
   Ainsi que sur mainte autre affaire,
Crut la chose, et promit ses grands dieux de se taire.
   Mais ce serment s'évanouit
   15 – Avec les ombres de la nuit.
   L'épouse indiscrète et peu fine,
Sort du lit quand le jour fut à peine levé :
   Et de courir chez sa voisine.
Ma commère, dit-elle, un cas est arrivé :
20 – N'en dites rien fur tout, car vous me feriez battre.
Mon mari vient de pondre un œuf gros comme quatre.
   Au nom de Dieu gardez vous bien
   D'aller publier ce mystère.

Vous moquez-vous ? dit l'autre : Ah, vous ne savez guère
Quelle je suis. Allez, ne craignez rien.
 25 – La femme du pondeur s'en retourne chez elle.
L'autre grille déjà de conter la nouvelle :
Elle va la répandre en plus de dix endroits.
 Au lieu d'un œuf elle en dit trois.
30 – Ce n'est pas encor tout, car une autre commère
En dit quatre, et raconte à l'oreille le fait,
  Précaution peu nécessaire,
 Car ce n'était plus un secret.
Comme le nombre d'œufs, grâce à la renommée,
 35 – De bouche en bouche allait croissant,
 Avant la fin de la journée
 Ils se montaient à plus d'un cent.

Si cette fable n'a guère éveillé la sagacité des exégètes, c'est sans doute qu'elle met en œuvre un des *topoï* les plus éculés (je pèse mes mots) de la littérature facétieuse, c'est-à-dire misogyne : les femmes aiment à parler et ne savent pas garder un secret. Les annotateurs, qui sont des hommes, ne manquent pas de références, toutes également masculines : Plutarque (*Du trop parler*), Abstemius surtout, Noël Du Fail, Rabelais même (*Tiers livre*, XXXIV), le Père Bouhours aussi bien, qui sait ce que sont les femmes et ce qu'est un secret (troisième des *Entretiens d'Ariste et d'Eugène* : « Le secret »). C'est aussi que le premier distique, énoncé aléthique sans marque de personne, délivre d'emblée la moralité de la fable : l'anecdote se trouve d'avance interprétée, et notre lecture semble vouée à vérifier le bien-fondé du préjugé. Dès lors, pourquoi gloser ?

 Or, le propos misogyne est aussitôt démenti par le distique suivant, assumé celui-ci en première personne : l'indiscrétion n'est pas le propre des femmes, et le défaut peut être aussi bien imputé aux hommes (c'est apparemment un homme qui le dit, bien placé pour le savoir). Le tour donné à cette généralisation a toutefois de quoi surprendre : dire que des hommes peuvent être femmes « sur ce fait » revient à reconduire l'assignation aux femmes du manque de discrétion (« être femme » signifie alors : faire preuve du défaut féminin par excellence) ; les deux distiques, étroitement ajointés par le coordonnant « et », ne sont nullement mis en opposition. Mais le tour amorce aussi un jeu d'inversion sexuelle, auquel le lecteur peut d'autant moins rester insensible qu'il est aussitôt relayé dans l'anecdote elle-même : avec le motif de l'accouchement bien sûr, introduit par un emploi réfléchi du verbe *déchirer* qui peut surprendre dans une bouche masculine (« On me déchire », v. 7) ; mais aussi avec l'expression par le mari de ce qui est apparemment le fonds de sa crainte : « on m'appellerait *poule* » (v. 10) – crainte que les dictionnaires du temps éclairent imparfaitement, qui enregistrent toutefois la locution « poule mouillée » visant non seulement les lâches mais aussi tout « sot qui se mêle du ménage des femmes » (Furetière).

Qu'en est-il maintenant, en l'absence d'autre animal que cette gallinacée, du statut de la fable ? L'histoire s'émancipe certes des lois de la vraisemblance – on ne peut guère accepter de lire l'anecdote comme véridique – mais c'est pour affabuler, avec un humour manifeste, une spectaculaire parabole de la curiosité féminine. Tout le sel de la narration tient évidemment dans la multiplication des œufs, d'un vers à l'autre, à compter (c'est le cas de le dire) de l' « œuf gros comme quatre » du v. 21 au v. 29 : « au lieu d'un œuf elle en dit trois » (mais répété en « en dix endroits »). Après quoi une autre commère « en dit quatre » (v. 31), si bien qu'à la fin de la fable, le total s'élève « à plus d'un cent » (v. 57). On a donc affaire à une historiette fictive, forgée à plaisir pour sa valeur exemplaire, mais qui n'appelle pas une interprétation allégorique : l'historiette fait sens par elle-même et non pas en figure ; le protocole est ici celui du conte facétieux ou du fabliau, mâtiné d'un enjouement qui tempère ce que l'anecdote a de misogyne et l'apologue aurait aussi bien à sa place dans le recueil des *Contes*, aux côtés d'une anecdote comme *Le Faiseur d'Oreilles et le Raccommodeur de Moules* par exemple, qui met en scène une épouse semblablement « fort neuve » (v. 12) sur les « malices d'Amour » (v. 15).

Il se pourrait toutefois que la fable nous ait séduit, sur un point au moins : lecteur ou lectrice, nous nous sommes laissé(e)s fasciner ou divertir par la multiplication des œufs sans songer à nous étonner *vraiment* - pas davantage que l'épouse ou les commères - du *fait* même de la ponte, que le déroulement même de la fable accrédite à sa façon (v. 25 : « la femme du pondeur », qui prend le relais de la déclaration de l'épouse avant de passer le témoin aux commères)

Si on s'arrête « sur ce fait» (v. 3), qui est proprement extravagant, donc impossible à admettre *comme tel*, on doit se demander si la fable n'est pas possible *par dessus le marché* d'un décodage allégorique et si le fabuliste ne joue pas ici un jeu retors avec le principe herméneutique constitutif du genre de l'apologue. De quoi cette ponte peut-elle donc être la figure ?

...

Un lecteur prévenu en vaut deux : en entrant dans ce jeu, nous ne faisons rien d'autre que traquer dans la fable un sens latent – un secret, qui est peut-être un secret d'hommes – mais si nous le révélons un jour, nous serons femmes « sur ce fait », et peut-être sur quelque autre.

Relire, c'est ici procéder à un relevé d'indices, semés pour l'essentiel entre les vers 5 et 15 ; au motif de l'inversion sexuelle, particulièrement marqué aux v. 8 et 9 comme on l'a dit, on soulignera maintenant :

- la dimension nocturne de l'épisode (deux fois évoquée, v. 6 et 15) et le cadre même d'un dialogue qui se déroule tout entier sur la couche conjugale (là encore deux fois rappelée, v. 6 et 17) ;
- la faiblesse de la motivation prêtée au mari : pourquoi donc « éprouver » (v. 5) sa femme sur ce fait plutôt que sur un autre, et au fond pourquoi cette épreuve s'il est universellement admis que les femmes ne savent pas garder un secret ? ;
- la précision dans l'expression de la douleur physique, qui ne se laisse aucun doute sur le siège du mal : par où donc un homme pourrait-il « accoucher » d'un œuf, dont le passage le « déchire » ?
- l'innocence sinon la jeunesse de l'épouse : sur quelle « autre affaire » (v. 12) est-elle donc également « neuve » ?

C'est peu dire que ces indices sont convergents : ils forment un vrai cas d'école pour illustrer le fonctionnement de ce qui s'appelait autrefois une isotopie. On laissera donc le lecteur (la lectrice) répondre seul(e) à cette question : de quelle demande, vouée à rester le secret du couple dans le huis-clos du lit conjugal (sauf à mettre en péril la réputation du mari), l'épreuve extravagante peut-elle être la figure ? La chose va à peu près sans dire – elle va encore mieux en ne la disant pas, dût le secret nous peser.

. . .

En lisant ainsi la fable comme une fable, c'est-à-dire selon un protocole allégorique enté sur un fait constitutivement invraisemblable, on aura donc lu un conte, et non des moins licencieux. Dira-t-on que l'interprétation suggérée sollicite par trop certains mots du texte, et qu'elle projette sur l'anecdote un imaginaire érotique étranger à La Fontaine ? C'est encore une fois méconnaître le principe des *Contes*. Que notre lecteur (lectrice) aille maintenant se pencher sur *Le Petit Chien qui secoue de l'Argent et des Pierreries*, qui ne figure pas parmi les *Nouveaux contes* de 1674 réputés les plus licencieux, mais dans la *Troisième Partie* de 1671 destinée au public élégant de Barbin ; sans se laisser abuser par la menue monnaie du merveilleux, et les pierres précieuses dispensées par la fée Manto métamorphosée en épagneul pour mieux pousser l'épouse à l'adultère, qu'il (elle) s'attarde plutôt sur le second versant du conte, au retour du mari donc et à son entretien, aux portes d'un « palais de beauté sans pareille » (v. 399), décrit plus tard comme un « Louvre » (v. 445 et 486), avec un More

« très lippu, très hideux, très vilain » (v. 400), semblable à quelque « Ésope d'Éthiopie » (v. 402), que le magistrat prend d'abord « pour le balayeur du logis » (v. 404) ; que notre lecteur (lectrice) s'arrête finalement aux points de suspension (v. 422), non pas comme à un « mystère » (v. 454) qu'il lui revient de lever, mais comme à une exacte ellipse qu'il lui appartient de combler : entend-il (entend-elle) « ce langage » (v. 422) et cette « certaine condition » (v. 418) que le More met à l'enrichissement de l'époux – mais aussi bien à quel sort ce noir Ésope prétend vouer les maris trop jaloux ? Un adultère peut en chasser un autre : il faut ici en oublier deux (le second une deuxième fois passé par points de suspension (v. 487), et savoir tourner ... la page : « On lui promit de ne pas dire / Qu'il avait été page » (v. 499-500) de ce More comme Ganymède de Jupiter. À bon entendeur salut : à l'indécent objet si quelqu'un(e) recule, ce(tte) quelqu'un(e) dissimule.

C'est bien un conte qui nous fait ici lire une fable, laquelle n'est pas moins licencieuse alors même qu'on lui applique le protocole allégorique qui fait le propre du genre, faute de quoi elle se lirait encore (elle se lisait déjà) comme un conte plaisant. *Sic decet contaminari fabulas* : un même auteur suffit à tout.

Accouplements ambigus

Sjef Houppermans

À la recherche des doublures et des dédoublements dans la vie, la carrière et l'œuvre de Jean de La Fontaine on a l'embarras du choix. Serait-il donc particulièrement hésitant, dubitatif, spéculatif, dynamique ou encore secret, ambivalent, ambigu ? Tout cela sans doute dans une certaine mesure, et on a glosé pas mal sur son art de servir deux causes ou sa souplesse dans les mélanges de l'utile et de l'agréable. Ce va-et-vient, ces mouvements de progression et de recul se repèrent également si l'on considère les choix génériques de l'auteur, prose ou vers, théâtre ou poésie, roman ou élégies, successivement ou encore tout à la fois. C'est dans ce contexte qu'on n'est pas étonné de tomber sur une même alternance, un comparable jumelage des *Fables* et des *Contes*.

Rappelons d'abord, pour ces derniers, la succession des recueils et des assemblages[1]. Après une première impression de deux contes en 1662, le recueil des *Contes et Nouvelles en vers* paraît en 1665 et est suivi en 1666 d'une *Deuxième Partie*. En 1668 commence ensuite la publication des *Fables* avec le succès

---

1 Nous empruntons ces dates à Jean de La Fontaine, *Œuvres complètes 1, Fables, Contes et Nouvelles*, Jean-Pierre Collinet éd., Paris, Gallimard, Pléiade, 1991 ; nos références au texte des *Contes* renvoient pareillement à cette édition. Les *Contes* ayant suscité à leur tour une abondante littérature critique, nous avons consulté entre autres l'étude de John Lapp, *Ethics of Negligence*, Cambridge, University Press, 1971 (reprint 2009), qui reste valable pour l'essentiel, notamment en ce qui concerne l'élaboration de la notion de « nonchalance savante ». *Cognitive Space and patterns of deceit in La Fontaine's « Contes »,* de Catherine Grisé, Charlottesville, Rookwood Press, 1998, s'appuie sur la narratologie structurale pour mettre en relief les stratégies de la tromperie et des leurres. Dans *Différence et répétition dans les* Contes *de La Fontaine*, Ann Arbor, 1998, Jane Merino-Morais prend comme point de départ la théorie de Greimas et de Derrida et conclut pour les contes « que l'énonciateur transforme le récit en un texte ouvert » (p. 218). L'usage de la notion de *différance* empruntée à Derrida est intéressant pour valoriser la dynamique de La Fontaine. Sophie Rollin, de son côté, dans « La Séduction dans les *Contes* de La Fontaine » in *Littératures classiques*, 69/2 (2009), p. 189-203, affirme que « le jeu sur l'ambivalence des mots gagne le reste de la narration », idée que nous tenterons d'élaborer dans la suite. Jole Morgante, avec *Quand les vers sont bien tournés, variation et finesse, l'art des* Contes et Nouvelles *de La Fontaine*, Bern, Peter Lang, 2013, parle aussi de la « fluidité sémantique » et pose que « l'incertitude du narrateur sert à souligner la naïveté des personnages » (p. 263). Mathieu Bermann, enfin, a publié récemment (Paris, Garnier, 2016) *Les Contes et nouvelles en vers de La Fontaine, licence et mondanité*. Il s'agirait selon cet auteur « d'un classicisme ironique envers ses propres codes et reposant sur la connivence avec le lecteur ».

qu'on connaît. Pourtant, malgré le caractère plus 'primitif' des contes et la réprobation, voire l'interdiction les touchant, l'écrivain n'abandonnera jamais vraiment cette veine. Ainsi en 1671 paraît le volume 3 et en 1674 les *Nouveaux Contes* sont publiés. En 1675 les poursuites de ce dernier texte sont engagées par le Lieutenant de Police La Reynie, qui déclare que le livre est « rempli de termes indiscrets et malhonnêtes, et dont la lecture ne peut avoir d'autre effet que celui de corrompre les bonnes mœurs, et d'inspirer le libertinage »[2]. L'entrée à l'Académie demande ensuite certaine réserve, mais l'édition des *Œuvres* de 1685 n'en ajoute pas moins cinq nouveaux contes. Ce n'est qu'acculé par la maladie et harassé par l'abbé Pouget que l'auteur concédera une rétractation. Les *Contes et Nouvelles* constituent ainsi l'autre volet clé de la production de La Fontaine, où l'inspiration est indubitablement plus élémentaire, mais où l'art de l'auteur, qui continue d'une part une tradition médiévale et d'autre part l'héritage de l'Arioste, de Boccace et de Rabelais, parmi d'autres, consiste à présenter les épisodes libertins et scabreux d'une manière qui les habille de la gaze exigée par la bienséance, mais alors une gaze artistement raffinée et élégante. Comme le déclare le poète dans une citation célèbre : « Il me faut tirer de ma tête / Nombre de traits nouveaux, piquants et délicats / Qui disent et ne disent pas » (*Le Tableau*, v. 4-6) ou encore « Diversité c'est ma devise » (*Pâté d'anguille*, v. 4). C'est cette duplicité fondamentale de dire et de ne pas dire à la fois que nous voulons suivre de près dans deux contes, qui se trouvent, au début de deux recueils successifs, dans une position de miroir, de mimicry, d'écho. Il s'agit du conte qui ouvre la *Troisième Partie*, *Les Oies de Frère Philippe* et de celui par lequel débutent les *Nouveaux Contes*, *Comment l'Esprit vient aux Filles*.

Les appellations 'conte' et 'nouvelle' constituent d'ailleurs un autre couple où la distinction est loin d'être simple. Malgré les différenciations faites par la critique, l'emploi de ces termes par La Fontaine n'est nullement univoque. La tradition fait remarquer l'aspect oral du conte d'une part et l'actualité ponctuelle de la nouvelle ; là où le conte s'appuie volontiers sur le fictif voire le fantastique ou le merveilleux, la nouvelle se prétend plutôt réaliste et psychologique. La Fontaine se sert des deux termes comme bon lui semble, laissant planer souvent une certaine confusion. Vrai ou vraisemblable, véridique ou vérifiable, ou plutôt imaginaire et fictionnel, c'est un jeu et une exigence. L'ambivalence combine les aspirations esthétiques et la prudence devant les censures. Dire sans dire, c'est conter la nouvelle inédite, c'est aussi, occasion-

---

2   Cité dans La Fontaine, *Œuvres complètes 1*, *op.cit.*, p. 1334.

nellement, flirter avec la Chose[3]. Et le recueil de 1674 paraît jouer également avec l'alternance et la dimension générique : *Nouveaux Contes* combine à sa manière les deux appellations.

...

À chaque fois, les textes liminaires des divers recueils mettent en scène la doublure de l'invention et du réalisme, exhibent un programme et une méthode, illustrent la maîtrise et l'habileté de l'écrivain. Ils permettent aussi, nous semble-t-il, d'apercevoir sous l'adresse de la construction les failles et les lézardes d'un aléatoire moins dominé.

Ainsi le recueil initial débute-t-il par *Joconde*, dont les premiers vers ne manquent pas d'installer le motif du double :

> Jadis régnait en Lombardie
> Un prince aussi beau que le jour,
> Et tel, que des beautés qui régnaient à sa cour,
> La moitié lui portait envie,
> L'autre moitié brûlait pour lui d'amour. (v. 1-5)

Joconde sera le rival et le partenaire de ce roi ; trompeurs et trompés successivement en voyage, ils se consolent finalement en retrouvant leurs épouses. L'auteur profite d'un moment creux pour expliciter son propos :

> Ce n'est pas mon métier de cajoler personne :
> Je le rends comme on me le donne ;
> Et l'Arioste ne ment pas.
> Si l'on voulait à chaque pas
> Arrêter un conteur d'histoire,
> Il n'aurait jamais fait, suffit qu'en pareil cas
> Je promets à ces gens de les croire. (v. 293-299)

Le Faiseur d'Oreilles et le Raccommodeur de Moules ouvre la *Deuxième Partie*. Double dès ce titre, l'épisode converge vers une scène répétitive en parfait miroir[4].

Nous nous attarderons ici aux textes qui ouvrent les deux recueils suivants, qui s'apparient plus explicitement, forment un couple, se répondent en écho et

---

3   Lacan comprend « la chose » comme l'élément qui reste *étranger* au sujet dans l'expérience qu'il fait de l'autre semblable.

4   Le mari rendu cocu se venge en cocufiant le 'metteur de cornes' (« moitié raisin, moitié figue, en jouit » (v. 180).

se complètent. Le premier – celui qui entame la *Troisième Partie* – contient un apprentissage aux garçons et le second, qui ouvre les *Nouveaux Contes*, propose une leçon aux jeunes filles. Il va de soi que, dans le cadre des *Contes*, ces enseignements s'appliquent aux choses élémentaires concernant leur respective nature de garçon et de jeune fille. Ensuite l'ingénuité, la naïveté, l'innocence ou la candeur donnent le ton, d'une part en ramenant les affaires en question aux principes fondateurs, mais en établissant encore d'autre part une connivence avec le lecteur qui élargit le plaisir des événements à une jouissance littérale[5].

Les Oies de Frère Philippe est une 'nouvelle tirée de Boccace' comme le précise le sous-titre. Le conte commence par une fort longue apostrophe aux femmes lectrices et ménage une transition à l'épisode proprement dit par un paragraphe généralisant annonçant « un conte ou l'on va voir vos appas triompher » (v. 44), les lectrices devenant ainsi partenaires de l'initiation qui va suivre. Après la mort de sa femme le monde devient « odieux » (v. 77) à Philippe et il décide d'élever son fils dans la forêt parmi les animaux à l'écoute du gazouillis des oiseaux, lui laissant ignorer l'existence des femmes. Quand ce fils a vingt ans, le père l'amène en ville. Le fils admire courtisans, palais et statues. Mais rien ne peut plus le distraire une fois qu'il a remarqué la gent féminine. Le père courroucé lui dit alors que ce sont des oies, sur quoi le garçon répond :

> Mon père, je vous prie mille et mille fois,
> Menons-en une en notre bois ;
> J'aurai soin de la faire paître. (v. 161-163)

A l'orée des *Nouveaux contes*, *Comment l'Esprit vient aux Filles* constitue la contrepartie féminine des *Oies*. Comme le signale Jean-Pierre Collinet, ce conte « ne dérive d'aucune source précise : sur un thème traditionnel La Fontaine exécute sa propre variation, assez maître en son art pour se passer désormais à l'occasion de modèle »[6]. On pourrait ajouter que le choix ici est avant tout déterminé par la volonté de créer un pendant à l'ouverture du recueil précédent. Ceci se reflète non seulement dans la thématique mais encore au niveau de la structure choisie. En effet, ici on trouve une apostrophe semblable qui se formule comme une devinette à répétition : « Il est un jeu divertissant sur tous ... » (v. 1). Après les lignes adressées aux lectrices, c'est en

---

5 Nous employons le terme dans son sens lacanien. On sait comment, pour Jacques Lacan, « le sujet n'existe pas comme plénitude : il est au contraire représenté par le signifiant, c'est-à-dire par la lettre où se marque l'ancrage de l'inconscient dans le langage » (Elisabeth Roudinesco, *Jacques Lacan*, Paris, Fayard 1993, p. 355).

6 La Fontaine, *Œuvres complètes I, op.cit.*, p. 1454.

passant par des remarques générales qu'est introduit le sujet particulier nommé Lise. Cette ingénue va chercher l'esprit qui lui manque auprès du père Bonaventure. Celui-ci distribue volontiers cette matière tant désirée, en triple dose même, tout en leurrant la belle. Elle confie les faits à son amie Nanette, qui avoue à son tour avoir reçu un don identique du frère de Lise, Alain. Ainsi l'ingénue devient sage en apprenant que tout cela est dans le « jeu ». Ce qui nous fait revenir au début et consacre de la sorte le caractère cyclique.

On a pu constater[7] que l'auteur ne se sent plus le besoin de commencer ces deux ensembles par des préfaces ou des avertissements comme par le passé. Les mots et les choses s'accouplent harmonieusement et le souci de combiner franchise et respect, subtilité et élégance, finesse et plaisir est explicitement exposé aux lectrices. Et aux lecteurs, car si pour *Les Oies*, l'entrée en matière passe par une justification à l'endroit des dames, les questions de *Comment l'Esprit* sont plus nettement adressées aux deux sexes.

...

Les deux contes se font ainsi écho en explorant les versants masculin et féminin d'une même initiation fondamentale. L'ouverture de la *Troisième Partie* demandait depuis le début à être suppléée. Dans l'interaction des deux histoires se remarquent les différences, les similitudes ainsi que les aspects ambigus. *Les Oies* est plus élémentaire en suivant le destin du fiston. Cet enfant des forêts ressemble à Victor ou encore à Kaspar, enfants trouvés célèbres des XVIIIe et XIXe siècles. L'enfant sauvage connaît une longue histoire, qui plonge ses racines dans le monde des mythes, où l'on peut penser à Romulus et Remus. A l'époque de La Fontaine, il y a plusieurs cas qui remuent l'opinion publique ; le plus discuté fut sans doute celui du garçon découvert en 1663 à côté d'une ourse et qui fut nommé Joseph Ursini. C'est l'univers des contes de fées, où le merveilleux fait rêver, univers des enfants trouvés selon Marthe Robert, récit élémentaire où la formation du sujet plonge dans la sphère préœdipienne.

En effet nous constatons que le père s'efface lui-même et que la douleur causée par la mort prématurée de sa femme l'absorbe complètement. Il devient le 'frère' Philippe et en tant qu'ermite s'isole avec le petit de deux ans au fond des bois. Soulignons que dans l'ouverture de la *Quatrième Journée* du *Décaméron*, où Boccace se sert également de cette histoire pour défendre l'art du conteur devant ses lectrices, il n'est pas question d'un 'frère'[8]. Filippo voue sa vie à Dieu, ce que La Fontaine traduit par 'se fait ermite', lequel ermite est en

---

7 *Ib.*
8 « un cittadino il quale fu nominato Filippo Balducci, uomo di condizione assai leggera, ma ricco ». Voir : <https://it.wikisource.org/wiki/Decameron/Giornata_quarta/Introduzione> (« l'un des bourgeois de notre ville, Filippe Balduci, était un homme de condition fort

principe un religieux, ce qui amène la dénomination de 'frère'. Mais ainsi le tour est joué : subrepticement le père a abandonné la place du père et son rôle dans la formation du fils. La loi du père ne saura plus s'instaurer, le fils reste dans l'univers maternel, univers de la mort et du deuil, univers statique où tout devrait rester identique. C'est donc à l'âge de vingt ans que le fils aura la permission d'aller en ville. Fasciné par la vue des femmes il demande comment on les appelle. Ce sont des oies est la réponse. Le père devenu frère ne manie plus la loi et la remplace par l'oie[9].

Le fils en voudrait posséder une à la maison. A cet endroit La Fontaine se garde bien de trop imiter Boccace, chez qui le fils s'écrie:

> Elle son piú belle che gli agnoli dipinti che voi m'avete piú volte mostrati. Deh! se vi cal di me, fate che noi ce ne meniamo una colá sú, di queste papere, ed io le darò beccare. – Disse il padre: – Io non voglio; tu non sai donde elle s'imbeccano![10]

Ambiguïté qui se tient à cheval sur le monde oral de la mère et l'univers sexuel. La Fontaine, subtilement, se contente d'écrire en finale: « J'aurai soin de la faire paître » (v. 163). Paître (où résonne pourtant le pâtre-padre) ouvre sur la bonne nourriture, retrouvant la plénitude là où béait le vide maternel. Faute de loi on peut se contenter d'une oie. Et le tour est réussi aussi de souligner par un exemple clé, à la manière de Boccace, le côté irrésistible, inévitable, *naturel* de la scène érotique. L'unique exigence fondamentale est de présenter ces faits avec l'élégance qui va aux dames. Les fabliaux et autres plaisanteries de jadis provoquent un rire trop gras ; Boccace a la grâce, mais il risque parfois de déraper ; le maître de versification qu'est le fabuliste y met la juste dose en chatouillant sa lectrice sans la brusquer. Ce sont les vers du début, lointain écho du *paître*, qui donnent le ton :

> Je dois trop au beau sexe ; il me fait trop d'honneur
> De lire ces récits ; si tant est qu'il les lise.
> Pourquoi non ? C'est assez qu'il condamne en son cœur

---

modeste, mais riche », Boccace, *Le Décaméron*, J. Bourciez trad., Paris, Garnier, 1967, p. 262).

9   "papere" (oisons) dit le 'padre' (papà) chez Boccace ; on en trouve peut-être un écho dans *Comment l'Esprit ...* : « Lise ne fut qu'un misérable oison » (v. 22).

10 "Ils sont plus beaux que les peintures d'anges que vous m'avez plusieurs fois montrées. Si vous avez de moi quelque souci, faites que nous puissions emmener là-haut une de ces oiselles. Je lui donnerai sa nourriture. –Non point. Tu ne sais pas de quoi elles se nourrissent" (*Le Décaméron, op. cit.*, p. 264).

> Celles qui font quelque sottise.
> Ne peut-il pas, sans qu'il le dise,
> Rire sous cape de ces tours,
> Quelque aventure qu'il y trouve ?
> S'ils sont faux, ce sont vains discours ;
> S'ils sont vrais, il les désapprouve. (v. 1-9)

Ce sont les beaux vers qui, dans leurs tours et détours, permettent de jouir tout en restant intouchables. L'honneur et le cœur peuvent se joindre de la sorte. Rions sous cape, sous capuche, sous capote. Et voyons, cette adresse au beau sexe annonce à sa manière l'ouverture des *Nouveaux Contes*, qui ne cesse de relire l'autre volet. Ainsi les rimes des vers 2 et 4 introduisent d'ores et déjà l'héroïne future, à savoir Lise et sa sottise.

Cette ouverture des *Nouveaux Contes* ne se présente pas pour rien comme une devinette. Une devinette en trois temps qui joliment se rime, exhibant et étalant de la sorte les charmes du jeu en question. Lise sera l'héroïne de l'exemple illustrant un usage particulier de ce jeu. C'est ici d'un apprentissage en bonne et due forme qu'il s'agit, d'une leçon œdipienne – ou électrienne si l'on préfère. Lise veut obtenir l'esprit qui va lui faire dépasser l'état de « misérable oison » (v. 4) capable seulement de « coudre et filer » (v. 5). Sa mère la pousse à aller voir le père Bonaventure, qui ne se fait pas trop solliciter à entrer en fonction. Lise y trouve son compte et même elle se met à songer et à rêver à la chose, ce qui prouve bel et bien que la méthode est efficace.

...

Qu'en est-il alors de l'attitude à l'égard de l'un et l'autre des deux sexes ? Pour le fils de Philippe, on peut dire qu'il va occuper la place du sujet. Pour Lise, c'est plutôt en première instance la position de l'objet qui est sa part. Monsieur l'auteur la fait courir à sa guise. La triple entrée qui propose la devinette se répète élégamment dans la démonstration de sa solution :

> Le pis-aller sembla le mieux à Lise.
> Le secret même encore se répéta
> Par le *pater* ; il aimait cette danse. (v. 93-95)

Le père-pater égrène son chapelet ; Lise pourtant y prend son plaisir, et davantage : elle 'mentalise' la chose. « Sa Révérence » s'exécute et Lise « lui fait une humble révérence » (v. 96). L'auteur profite de sa devinette, exploite son mot d'esprit (son *Witz*) tout en gratifiant l'autre de ses grâces. Ou tout au moins, il crée cette illusion dans un simulacre qui constitue l'essence même du jeu d'Eros. Ce détournement de la jouissance par les vers peut s'appeler perversion ou père-version. C'est pourquoi le conte se termine par les vers suivants :

> Lise s'en tint à ce seul témoignage,
> Et ne crut pas devoir parler de rien.
> Vous voyez donc que je disais fort bien
> Quand je disais que ce jeu-là rend sage. (v. 130-133)

Elle s'est émancipée et après la conversation avec sa compagne Nanette, qui étend l'horizon des partages sexuels à toute la parentèle et au-delà à la communauté entière, elle veille bien à ne pas revenir à la mère. L'univers des autres, d'autrui, de l'Autre a remplacé la sphère maternelle pour cette bâtarde[11].

Le conte de fées de l'enfant trouvé et la nouvelle galante de l'aventurière se suppléent et expriment le double désir de l'écrivain[12] : se créer un espace parfait où le roman de famille se met dans un cadre raffiné d'une part, et séduire les Lise, les lectrices et les lecteurs, par le récit de la bonne aventure. Si pour la publication *Comment l'Esprit* succède aux *Oies*, et si cet ordre reflète également une certaine logique psychique, il reste moins clair lequel des deux fut conçu en premier. Le récit du couple père-fils où manque terriblement la mère suppose son autre dans l'histoire de la paire mère-fille où la fonction paternelle est remplie par un vicariant. Cet entrelacement, cette intrication, ce chevauchement se repère symptomatiquement dans le jeu des répétitions qui soutiennent la généralisation et appuient la rhétorique de la séduction, l'impact du désir et l'allégresse de la stratégie narrative.

En passant nous avons déjà attiré l'attention sur quelques répétitions clé : pour le type narratif tout d'abord le récit d'apprentissage-initiation ; pour les protagonistes des constellations familiales phares ; pour l'ordre des textes l'apostrophe initiale, les reprises et les étapes répétitives ; pour la forme les vers, les rimes et les mots repères qui reviennent. Parmi ces derniers rappelons que 'lise' dans l'apostrophe du premier texte appelle Lise dans le second et que l'oie se retrouve dans la qualification d'oison s'appliquant à la jeune fille ingénue. Le terme de 'révérence' passe ludiquement du moine paillard à la fillette rendue sage. Ajoutons que « rire sous cape » pour « quelque aventure qu'on y trouve » tel que l'apostrophe des *Oies* le conseille sera le choix de Lise pour ce

---

11 Pour ce couple enfant trouvé / bâtard, voir Marthe Robert, *Roman des origines et origines du roman*, Paris, Grasset, 1972.

12 D'autre part, comme le souligne Jean-Pierre Collinet, l'intrigue des *Amours de Psyché et de Cupidon*, roman-poème publié en 1669, constitue un autre double du récit des 'oies' (voir La Fontaine, *Œuvres complètes I, op.cit.*, p. 1412).

qui regarde son 'entretien' avec le père Bonaventure. Ou encore que ce dernier parle d'un pis-aller pour inviter à la répétition de l'acte en question et que dans *Les Oies* la vue des « jeunes beautés » est qualifiée ainsi : « Voici bien pis » (v. 150).

...

Les deux histoires se répètent dans leur répétition même. Ce que vivent les garçons et ce qu'expérimentent les filles est une reprise du même refrain. Dans la répétition et les doublures il y a identification et confirmation de l'individualité. La sexualité est l'identifiant clé. Le plaisir libère et donne virtuellement une dimension esthétique à l'existence. La Fontaine profite de cette virtualité en traduisant le répétitif en ornement artistique, en figure rhétorique, en appas littéral. Pourtant le risque de la déviation est toujours présent. La sexualité met en scène les situations de vie et de mort – devant la rampe ou du côté des coulisses -, elle est limitrophe et ouvre sur l'inconscient. Au-delà du principe de plaisir bée l'abysse de la répétition obsessionnelle, où règne Thanatos. La fuite en avant dans *Les Oies* en témoigne, fuite dans la vie sauvage afin de contrer-conter le deuil de la mère. Le père a beau présenter encore et encore au fils les petits oiseaux et leur ramage, la toute première mention de la nature sauvage concerne bel et bien les loups (v. 70)[13]. Et un peu plus loin on lit comment le père,

> Parmi ce discours aux enfants agréable,
> Mêla des menaces du diable ;
> Lui dit qu'il était fait d'une étrange façon :
> La crainte est aux enfants la première leçon. (v. 97-100)

« Étrange façon » et « agréable » reviennent lors de la rencontre avec les filles-oies. Et le « sage » silence où Lise s'évapore donne peut-être moins le mot de l'énigme que la reprise de la devinette initiale, qui tel le secret du sphinx ne saurait se résoudre définitivement. C'est cette autre dimension, où l'*Unheimliche* – l'étrangeté familière – surgit, qui procure au texte de La Fontaine (malgré et à travers sa légèreté même) un souffle existentiel à la manière de Racine et de Pascal.

Regardons de plus près les contournements et les astuces de la répétition en admettant que cette stratégie littérale est la clé de voûte de la manière dont les deux textes se suppléent et des doublures qui en sont les symptômes. La littérature étant l'art de dire en ne disant pas, ce discours spécifique se caractérise

---

[13] Ils reviennent par la suite comme menace ultime au vers 118.

entre autres par une paradigmatisation suggestive qui se substitue en partie à une syntagmatisation logique. Prenons le début des *Oies* :

> Je dois trop au beau sexe ; il me fait trop d'honneur
> De lire ces récits ; si tant est qu'il les lise. (v. 1-2)

'Trop' et 'lire' lancent le processus de la répétition qui va dominer l'ensemble du texte. Il y en aura toujours trop et c'est ce supplément qui donne le ton. Les rimes accentuent cette musique par leur organisation, où les couples et les triplets alternent. Et ce qui est encore plus visible dès le début : les rimes masculines 'honneur' et 'cœur' *embrassent* les rimes féminines 'lise' et 'sottise', alors que le complémentaire 'dise' du vers suivant permet la transition à la fois au niveau du contenu et à celui de la forme. Cette harmonie tend à impliquer la dynamique érotique dans l'allure des vers qui avancent par caresses et assauts plus hardis. Lisons ainsi les phrases suivantes :

> Je craindrais bien plutôt que la cajolerie
> Ne mît le feu dans la maison.
> Chassez les soupirants, belles, souffrez mon livre :
> Je réponds de vous corps pour corps :
> Mais pourquoi les chasser ? ne saurait-on bien vivre
> Qu'on ne s'enferme avec les morts ? (v. 12-17)

Le texte prend un air physique et concret ; 'feu', 'soupirants' et 'souffrez' matérialisent le propos. C'est dans ce contexte que le répétitif 'corps pour corps' prend tout son poids. L'expression signifie 's'engager entièrement pour un autre' ainsi que le signale Jean-Pierre Collinet d'après Richelet[14]. On peut supposer néanmoins que La Fontaine revitalise ce 'corps pour corps' et en injecte la sage lecture. C'est ce qui expliquerait les deux vers suivants : le seul livre crée un déficit à combler. Et de quels morts est-il question ensuite ? Lire doit entraîner les échauffements des sens pour convaincre. C'est l'intention aussi de l'histoire qui va suivre. L'auteur résume l'essentiel de ce récit en incipit (v. 45-55), façon, dirait-on, de mieux faire ressortir les embellissements qu'il y apporte. Le conte va se dérouler sur le rythme du double : le père a deux raisons pour son comportement, la haine et la crainte : « Sa moitié le [le monde] lui fit par son trépas haïr / et le reste des femmes craindre. » (v. 80-81). Les étapes de l'éducation du fils se déroulent ensuite selon un rythme symétrique de cinq ans où il ne lui est surtout pas enseigné « qu'il fût au monde aucune

---

14 La Fontaine, *Œuvres complètes I, op.cit.*, p. 1413.

FIGURE 1   Nicolas Lancret, Les oies de frère Philippe, vers 1736, Met New York

femme, aucuns désirs, aucun amour » (v. 92-93). La leçon paternelle s'organise autour de cette *aphanisis* ; la relance du désir s'articulera à partir du *gaze* suscité par la vue des demoiselles.

Philippe Lancret, dans ses *Oies* du Metropolitan, a bien saisi[15] le mélange d'attraction, de fascination et de crainte qu'implique ce moment. Le fils est pris dans un scénario où le va-et-vient des doubles s'intensifie en un véritable stade du miroir :

> Il considérait tout : quand de jeunes beautés
> Aux yeux vifs, aux traits enchantés
> Passèrent devant lui ; dès lors nulle autre chose
> Ne put ses regards attirer. (v. 145-148)

---

15   On peut penser aussi aux *Oies* de Pierre-Hubert Subleyras (Louvre) : que manigance le petit bonhomme en haut du rempart ? D'autres illustrations montrent des variantes : ainsi Romeyn de Hooch fait presque s'enfuir le jouvenceau (tableau reproduit dans *Jean de La Fontaine*, Claire Lesage éd., BNF-Seuil, 1995, p.77). La jolie gouache sur soie de Boucher du Musée de Besançon peut aussi s'interpréter diversement.

C'est « l'étonnement » au sens fort ; le jeune homme est « ravi comme en extase » (v. 152). Les rimes, régulières jusque-là, vont s'emballer. Toute une série de [wa] dirigent la musique de cette *cauda* dans laquelle le désir se refait une place en balbutiant et en bégayant. C'est de la sorte que les oies cacardent. C'est le règne élémentaire de la mère, la femme perdue des débuts, et ça cacarde joliment. L'enfant trouvé peut rentrer chez lui. La mort et les loups, l'*aphanisis* et « l'étrange partage » (v. 122 ; ainsi se formule le manque paternel après la disparition de la mère) n'ont pourtant été écartés que de justesse. Une première forme de connaître (« Peut-on point un peu te connaître ? » demande le jeune homme à l'oie, v. 160) est sollicitée. « Paître » l'oie, ce serait un jeu comme celui qui se lit au début de notre second texte. Le jeu de l'oie ici donc, très populaire au XVIIe siècle, où le paradis invite le joueur mais où il passe entre autres par le labyrinthe, le puits et la mort. Ce qui constitue encore un autre double avec *Comment l'Esprit*.

Le moment du transfert spirituel de ce second conte a été fort bien illustré par la dynamique représentation de Charles Eisen. Le mouvement est répété par tous les détails du cadre, des draperies à la corbeille et jusqu'au motif des croisements multiples au-dessus de la porte. Pareillement le père Bonaventure triplera sa prestation de bienfaiteur. Pareillement La Fontaine encadre son récit par les trois couplets de la devinette initiale. Et remarquons que cette formule par trois étapes nous rappelle les contes de fées et constitue de la sorte un autre lien avec *Les Oies*[16]. L'histoire de Lise se lit comme *Le Petit Chaperon rouge*, qui part avec sa corbeille à la rencontre du loup (fort consentante comme l'autre avec sa « bobinette » qui « cherra »). Et trois fois le lecteur entend le refrain : « Or devinez comment ce jeu s'appelle » (v. 5, 10 et 15). Ce lecteur est entraîné également dans le jeu par tous les doubles de cette introduction et d'abord par le balancement des rimes : des quinze vers neuf se terminent par 'elle', alors que les six autres poussent leur 'ou'. Il s'agit bien d'un « Jeu dont l'ardeur souvent se renouvelle » (v. 2). Et voyons le deuxième couplet, principalement organisé en doublets :

> Vous y jouez ; comme aussi faisons-nous :
> Il divertit et la laide et la belle :
> Soit jour, soit nuit, à toute heure il est doux. (v. 6-8)

La présentation de Lise se fait également par couples d'attributs (« l'esprit et la raison », v. 19; « coudre et filer », v. 23; « affligée et honteuse », v. 32; « quatorze

---

16 Les trois couplets à 5 vers chacun rappellent encore l'initiation du garçon des 'oies' par tranches de 5 ans.

ACCOUPLEMENTS AMBIGUS 123

FIGURE 2
Comment l'esprit vient aux filles, illustration de Charles Eisen. <http://gallica.bnf.fr/ark:/12148/btv1b2200090r.r> = *la fontaine nouveaux contes*, rk193134.

ou quinze ans », v. 42 ; « pauvrette » et « innocente », v. 69 -70). Le révérend père rejoint volontiers ce rythme haletant en staccato paratactique :

>A l'une on vend ce qu'à l'autre l'on donne.
>Entrez ici ; suivez-moi hardiment ;
>Nul ne nous voit, aucun ne nous entend. (v. 61-63)

Le résultat ne se fait pas attendre, à la mutuelle satisfaction et au réciproque plaisir ; donc la répétition n'étonne pas :

>Il suit sa pointe ; et d'encor en encor
>Toujours l'esprit s'insinue et avance,
>Tant et si bien qu'il arrive à bon port.
>Lise riait du succès de la chose. (v. 76-79)

La pointe, c'est l'attaque du conquérant, mais encore si l'on veut l'arme dont il se sert. Et lisons ce que l'auteur voudrait qu'on lise : c'est encore la pointe du récit si promptement exécutée. L'esprit se crée par mots d'esprit fort concrètement, encore et en corps, tout en se dissimulant derrière les volubiles contorsions du langage. La répétition, de toute façon, reste à l'ordre du jour, par voie de dialogue au vers 87 ou bien par le nom de ce qui ne se nomme pas. Si besoin il y aurait d'autres « secrets » à mettre « en usage » (v. 88), mais pour le moment « le secret même encore se répéta » (v. 94). Et par la suite Lise de songer et de rêver sans cesse dans l'exact prolongement de ce qu'elle vient d'expérimenter. A sa compagne Nanette (ou encore Anne, v. 116) « de point en point, [elle] conte le mystère » (111). Celle-ci avoue sa relation avec le frère de Lise, Alain : cela ahane à perte d'haleine pour procurer l'expansion voulue à la pratique :

Mon frère Alain ! Alain ! s'écria Lise
Alain mon frère ! ah ! je suis bien surprise (v. 119-120)

Lise renonce à consulter sa mère et va se taire sagement ; l'auteur, lui, termine en toute beauté en exposant que le dire imite bien la chose par son allure répétitive, et en reprenant l'apostrophe du début :

Vous voyez donc que je disais fort bien
Quand je disais que ce jeu-là rend sage. (v. 132-133)

La sagesse de l'écrivain, c'est aussi de dire les choses sans toutefois en dire trop. La connaissance donne l'esprit et évacue par là même l'ingénuité et l'innocence. Lise ne sera plus jamais la « poupée » (v. 28) qu'elle était. C'est à ce moment-là dans le texte que le mot de secret insiste et qu'on parle de 'mystère'. Par cette initiation (l'expérience du 'mystos') une limite a été franchie, où Eros et Thanatos se donnent la main. Dans l'histoire de Lise cette dimension-là peut se confondre avec les « dimensions » (v. 112) du sacré moine, mais une inquiétude plane sur la fin quand la protagoniste reste bouche bée. Cette ambiguïté est commune aux deux récits qui ouvrent les deux recueils et leur entrelacement formel et thématique ne fait que la renforcer. La découverte du sexe féminin sera à jamais le mystère du premier conte, et le non-dit de la jouissance de la femme clôt le second. Les entrechats du conteur révèlent en catimini que tous les chats ne sont pas gris.

En guise d'Épilogue : La Fontaine, Rancé, Marie Du Bois et quelques autres

Paul Pelckmans

Sauver le Grand-Siècle ?[1] dialogue avec tels maîtres parfois éminents de la dix-septièmistique et les mesure notamment à l'aune d'un personnage fort mineur. Marie Du Bois (1601-1679) aura fait la navette, sa vie durant, entre la Cour, où il faisait des quartiers comme Valet de Chambre du Roy, et son Vendômois natal ; ses cheminements toujours affairés n'auront pas infléchi notablement le cours global du siècle et seraient parfaitement oubliés si ce petit gentilhomme de province n'avait légué à ses descendants un curieux manuscrit autobiographique. Christian Jouhaud y prélève quelques épisodes qui lui permettent à chaque fois[2] de nuancer, voire de lézarder telles images reçues du Grand Siècle, dont la grandeur, à la regarder du point de vue de ce comparse, paraît singulièrement moins monolithique qu'on ne s'est souvent plu à la dire.

Il va sans dire que les maîtres dont Christian Jouhaud relit les analyses ne se sont pas invariablement contentés d'encenser leur époque favorite. Un des chapitres les mieux venus de son essai s'attarde ainsi à un ouvrage aujourd'hui fort oublié de Felix Gaiffe, qui s'efforçait pour sa part d'explorer, en 1924, *L'envers du Grand Siècle*[3]. A relire ce grand prédécesseur, Christian Jouhaud constate surtout que son propos sera resté, à y regarder de près, plutôt réducteur. Les complexités qu'il dégage se trouvent finalement enfermées dans un contraste à sa façon inévitablement simpliste, ou au mieux binaire, entre un 'endroit' et l'*envers* du titre. L'ouvrage finit du coup par « glisse(r) sur une pente moralisatrice »[4], où il entérine des jugements de valeur très Troisième République. Il retrouverait aussi, du même mouvement, certain goût des antithèses abruptes qui serait, lui, un trait d'époque du XVIIe. Christian Jouhaud repère volontiers, et tout au long de son beau livre, certaine « ombre projetée du XVIIe siècle sur sa propre historiographie »[5] : Félix Gaiffe ne serait pas le seul, loin de là, à prolonger dans son œuvre de savant, et sans guère les

---

1 Christian Jouhaud, *Sauver le Grand-Siècle? Présence et transmission du passé*, Paris, Seuil, 2007.
2 Je signale au passage que Christian Jouhaud commente quelques autres épisodes de cette autobiographie dans sa contribution à *Histoire des émotions 1*, Georges Vigarello, éd., Paris, Seuil, 2016, p. 308-313.
3 Félix Gaiffe, *L'Envers du Grand Siècle. Etude historique et anecdotique*, Paris, Albin Michel, 2014.
4 Christian Jouhaud, *Sauver, op.cit.*, p. 137.
5 *Ib.*, p. 134.

problématiser, tels biais rhétoriques que le Grand Siècle affectionnait tout le premier.

La seconde séquence du chapitre illustre ce goût pour les contrastes tranchés en évoquant, pour une fois, un événement célèbre. La conversion de Rancé aura fait plus de bruit que tous les faits et gestes de Marie Du Bois pris ensemble. On conçoit au demeurant que, tant qu'à ne s'intéresser qu'à un seul épisode retentissant, *Sauver le Grand-Siècle ?* pouvait en venir à retenir plutôt celui-ci: la conversion de Rancé implique en tant que telle certaine recherche d'un à-côté, qui récuse à sa manière les prestiges qu'elle choisit de quitter. Les ambiguïtés de ce refus montreraient alors, à en croire Christian Jouhaud, que les oppositions uniment tranchées que Rancé déploie tout au long de son oeuvre simplifient une démarche dont on peut se demander s'il s'y agit vraiment de quitter le monde. L'Abbé Tempête affecte de lui tourner le dos plus qu'il n'y renonce pour de bon et ne cherche assurément pas à se faire oublier. Nous lisons donc, dans le prolongement d'analyses d'Henri Bremond que *Sauver le Grand-Siècle ?* semble assez largement faire siennes, que le départ fracassant de Rancé instaurerait au mieux

> un leurre de rupture, l'illusion d'un envers de la mondanité, l'anamorphose édifiante du spectacle de la cour.[6]

Aussi le réformateur de La Trappe resterait-t-il sa vie durant, dans sa solitude très visitée, une vedette paradoxale du monde de Versailles, qui y découvre un saint fait à sa (dé)mesure. Ses admirateurs applaudissent, de bonne foi mais non sans naïveté, à une conversion-spectacle dont l'ambiguïté foncière leur échappait.

Ce qui montrerait que le Grand-Siècle se serait là encore fait illusion sur la grandeur sans faille de ses épisodes les plus dramatiques et que ses thuriféraires à venir pouvaient donc entériner à l'occasion cette essentielle *suffisance*. Christian Jouhaud se garde bien, on s'en doute, de formuler en toutes lettres une appréciation aussi sommaire ; elle fait toujours la suggestion (ou la 'pente') évidente de ses analyses. Henri Bremond aurait pourtant pu fournir aussi de quoi la relativiser puisqu'il montrait, textes à l'appui, comment, s'agissant de La Trappe, tout le monde ne s'était pas contenté, au XVIIe siècle, de la « mise en action rhétorique d'antithèses radicales »[7] : Dom Mabillon et Dom Innocent le Masson avaient su déjà, parlant respectivement au nom de Saint-Maur et de

---

6   *Ib.*, p.143.
7   *Ib.*, p.1434.

la Grande Chartreuse, indiquer très efficacement, et avec toutes les nuances voulues, certaines insuffisances majeures de la spiritualité de Rancé[8].

On peut ajouter, je crois, qu'il n'était pas nécessaire, dès le XVIIe siècle, d'être un maître de la spiritualité pour flairer des dessous ambigus sous les conversions les mieux intentionnées et pour en tirer des conclusions peut-être inattendues.

•••

Soit donc *Le Loup et les Bergers*, qui ne parle bien sûr pas de Rancé et ne le vise sans doute pas plus. Quand La Fontaine publie en 1678-79 le *Second Recueil* des *Fables*, il y a douze ans que Rancé s'est installé définitivement à La Trappe et vingt-et-un ans que la mort de Mme de Montbazon l'a fait renoncer au monde. Ces dates suffiraient à elles seules – à part tout le reste – à le distinguer d'un Loup dont la conversion n'aura tenu que pendant quelques minutes, le temps, très précisément, d'en énoncer le projet.

N'empêche que c'est bien le phénomène de la conversion qui est la cible centrale d'une fable où bien des traits fort reconnaissables devaient rappeler des départs du monde que bon nombre de ses lecteurs, s'ils n'en avaient pas forcément ressenti eux-mêmes l'appel, avaient pu coudoyer dans leur entourage proche. On me permettra de rappeler que la source antique de notre fable se réduit à trois lignes du *Banquet des Sept Sages* de Plutarque, où Esope paie son écot avec quelques apologues inédits; le moins qu'on puisse dire est que le célèbre auteur des *Vies parallèles*, qui les ajoute donc à peu près[9] de son propre chef au corpus ésopique, ne s'y montre pas très inventif :

> Le loup vit des bergers qui dans leur cabane mangeaient un mouton ; il s'approcha et leur dit : Quel beau vacarme vous mèneriez si moi j'en faisais autant![10]

---

8   Cf. surtout *L'"Abbé Tempête". Armand de Rancé, réformateur de La Trappe*, Paris, Hachette, 1929, pp.148-205. Voir, pour une appréciation plus récente de ces altercations, quelques notices de Jean Mabillon, *Œuvres choisies*, Odon Hurel éd., Paris, Laffon, 2007, notamment pp. 204-232 et 365-379.

9   Une note de l'édition Budé indique que le *Phèdre* de Platon ferait allusion à cette fable (cf. Plutarque, *Oeuvres morales II*, Paris, Les Belles Lettres, 1985, p.336, n.4.). A se reporter au texte de Platon, on constate que Socrate y affirme seulement qu'il y aurait "un proverbe d'après lequel il est juste que le loup même ait son avocat" (*Phèdre*, 272c). L'allusion n'est au moins pas évidente; on ne saurait bien sûr exclure que le proverbe du *Phèdre* ait été à quelque degré la source de Plutarque.

10 Plutarque, *ib.*, p.218 (= *Banquet* 156 A).

FIGURE 1

Ce canevas sommaire n'appelle pas précisément l'histoire d'un loup qui envisagerait pour de bon de renoncer à ses habitudes carnassières, quitte à y revenir presque aussitôt. La Fontaine, pour une fois, donne à lire une anecdote qu'il invente peu ou prou de toutes pièces – et qui ne s'en ajuste que mieux à des pratiques très contemporaines.

Il ne serait bien entendu pas difficile de ramener cette fable pour une fois presque 'originale' à une leçon connue. Ce Loup qui retrouve si vite ses instincts premiers prouve une fois de plus, comme le font au bas mot les trois quarts des *Fables*, qu'on ne se change ni soi-même ni le monde : on n'en finit pas de retrouver des scénarios dont l'issue est fixée d'avance et dont personne ne saurait se départir pour de bon. Bon nombre de fables racontent des tentatives de se singulariser ou de s'aménager une exception ; elles tournent quasi invariablement mal. Une fable du *Premier Recueil* au titre proche de la nôtre, *Le Loup devenu Berger*, raconte la mésaventure grotesque d'un loup qui se déguise pour mieux surprendre les moutons ; il s'empêtre, au moment où les chiens lui donnent la chasse, dans un hoqueton qui lui va forcément très mal :

> Quiconque est Loup est agisse en Loup;
> C'est le plus certain de beaucoup. (III/3, v. 32-33)

EN GUISE D'ÉPILOGUE

Le Loup et les Bergers retrouve la même leçon -à cette nuance capitale près qu'en lieu et place d'une ruse simplement malavisée elle disqualifie cette fois une tentative de se changer en mieux, qui aurait pu paraître a priori éminemment respectable mais qui s'avère ici tout aussi foncièrement chimérique.

Le cas n'est pas vraiment surprenant. On savait que la morale de La Fontaine ne fonctionne pas à la vertu puisqu'elle convie surtout à s'incliner devant la force des choses; on savait aussi que le *Second Recueil* multiplie les modulations paradoxales ou provocatrices de ce message fondamental. Le procès de la conversion que nous interrogeons est, à sa manière, une de ces audaces. Elle va en l'occurrence singulièrement loin en *évidant* subtilement les enjeux mis en scène.

…

Ce jeu de fragilisation s'annonce dès les premiers vers :

> Un Loup rempli d'humanité
> (S'il en est de tels dans le monde)
> Fit un jour sur sa cruauté,
> Quoiqu'il ne l'exerçât que par nécessité,
> Une réflexion profonde. (v. 1-5)

La fable, d'habitude, se met peu en peine de la plausibilité de ses personnages ; les conventions du genre sont si voyantes que la question de leur éventuelle conformité au monde « réel » ne se pose pas. A la soulever pour une fois, le v. 2 souligne d'abord que les loups remplis d'humanité manquent sans doute complètement dans nos entours quotidiens, mais qu'ils rejoignent le régime le plus commun de la fable, qui n'en finit pas d'humaniser ses animaux. Le fabuliste, par définition, n'a jamais proposé que des loups on ne saurait plus humains. Celui dont il s'agit ici n'est bien sûr pas seulement humain dans cette acception élémentaire et s'efforce d'atteindre pour sa part à certaine humanité idéale ; les premiers vers aménagent un modeste tremblé sémantique, qui indique que l'idéal ainsi visé n'est jamais qu'un parti pris, une ambition morale dont l'objectif ne peut se définir, ici comme ailleurs, en termes d' « humanité » qu'à la faveur d'un coup de force langagier qui ignore superbement la diversité empirique de la condition humaine. Les loups cruels, gloutons ou imbéciles de telles autres fables étaient tout aussi *remplis d'humanité*....

A quoi s'ajoutent, pour poser d'emblée le sujet, d'évidentes connotations spirituelles. Ce Loup qui 'exerce' sa cruauté pourrait s'adonner, une fois converti, à d'autres exercices, qui risqueraient, si on accepte de filer le contraste, d'être moins 'nécessaires'. 'Réflexion', qui se prête bien entendu à une acception profane, devait pareillement rappeler des intitulés courants de la littérature dévote. Il est vrai que la plupart des recueils concernés proposaient des séries de méditations et préféraient donc logiquement le pluriel. Le singulier un peu impropre convient à une fable où tout se borne à un recueillement des plus brefs.

Cette réflexion sans lendemain est d'abord, telle qu'en elle-même, plutôt longue. Le monologue qui l'énonce prend 18 vers et doit être un des plus copieux des *Fables*. Il n'est pas sûr pour autant qu'elle réussisse vraiment et pour de bon à être, comme l'annonce le v. 5, 'profonde'. Au XVIIe siècle, les conversions, si elles surprennent à chaque fois, se conforment en règle generale à un scénario à sa manière familier, où « le converti joue son rôle et sait ce qu'on attend de lui »[11]. Le discours du Loup multiplie les maladresses et les faux pas et dit à peu près constamment ce qu'il ne fallait surtout pas dire.

Il commence par faire état d'une motivation des plus indigentes :

Je suis haï, dit-il, et de qui ? De chacun.
Le Loup est l'ennemi commun :
Chiens, chasseurs, villageois s'assemblent pour sa perte. (v. 6-8)

On admettra que la fable pouvait difficilement s'aventurer dans les débats sur la contrition et l'attrition[12] ; La Fontaine choisit prudemment de parler humanité plutôt que dévotion. Reste que même dans ce registre profane où il ne pouvait être question de Pur Amour, le Loup pourrait au moins se montrer sensible à l'attrait propre de la vertu. Il se réclame au contraire d'un assez misérable respect humain et se limite ainsi à ce que toute une tradition aura désigné comme un repentir imparfait[13].

---

11 Alain Cullière, « Ecrire la conversion au temps de la Réforme et de la Contre-Réforme » in *La conversion. Expérience spirituelle, expression littéraire*, Nicolas Brucker éd., Berne, Peter Lang, 2005, p.44.

12 Bien des choses donnent d'ailleurs à penser qu'elles tenaient plus de place, au XVIIe siècle, dans les débats de spécialistes des théologiens que dans la pastorale proprement dite. Cf. p.ex. Jacques Truchet : "Ces questions qui ont été extrêmement brûlantes dans la discussion doctrinale [...] ont été pratiquement gommées dans la prédication. A la surprise quelquefois de certains auditeurs d'ailleurs: on connaît la réflexion de Mme de Sévigné disant, après avoir entendu Bourdaloue, qu'elle avait cru entendre le père Desmares dans une robe de jésuite. En fait, il y avait un consensus pratique là-dessus' (*La conversion au XVIIe siècle*, Marseille, CMR, 1983, p.294).

13 Le v. 9 ('Jupiter est la-haut étourdi de leurs cris') achève de le montrer étranger à toute vraie ferveur. Le motif du dieu excédé par l'insistance indiscrète de ses adorateurs appar-

EN GUISE D'ÉPILOGUE 131

La suite est, si possible, moins convaincante encore. Une conversion authentique commence d'ordinaire par l'aveu franc et entier des manquements passés, dont le converti se reconnaît coupable et dont il admet aussi la gravité essentielle : *mea maxima culpa*. Un vrai pénitent ne lésine pas sur l'ampleur de ses fautes, qu'il aurait plutôt tendance à majorer. Notre Loup reste loin de ce modèle idéal puisqu'au lieu de battre sa coulpe avec toute l'humilité requise, il la réduit à quelques peccadilles. Ses victimes ne valaient pas qu'on en fît tant de bruit :

> Le tout pour un Ane rogneux,
> Pour un Mouton pourri, pour quelque Chien hargneux,
> Dont j'aurai passé mon envie. (v. 16-18)

Mensonge des plus maladroits, où le Loup aurait à chaque fois eu 'envie' de gibiers faits pour le dégoûter ; sa confession s'enlise dans les faux-fuyants.

Elles ne l'empêchent toujours pas de faire de belles résolutions ; il n'y a pas de conversion qui vaille sans bonnes intentions :

> Eh bien, ne mangeons plus de chose ayant eu vie:
> Paissons l'herbe, broutons, mourons de faim plutôt.
> Est-ce une chose si cruelle? (v. 19-21)

L'interdit de toute 'chose ayant eu vie' remonte à la tradition orphique, mais a aussi des répondants dans le *Lévitique* ; le fabuliste s'amuse à côtoyer le lexique dévot au plus près. Il débouche ici sur un programme malavisé, qui serait à la limite un péché mortel. Si l'ascèse tient très naturellement sa large place parmi les bonnes intentions des convertis, leurs austérités restent en principe circonscrites par l'impératif plus élémentaire de ne pas mettre sa vie en danger : pour la tradition catholique, la mort volontaire a toujours été un péché grave. Les moines peuvent renoncer à la viande, voire, comme à La Trappe, aux poissons et aux œufs ; ces mortifications sont permises (et, le cas échéant, imposées par leur règle) parce qu'elles ne risquent pas de leur donner la mort. Il en va autrement pour le Loup, pour lequel il serait proprement suicidaire de se contenter d'eau et d'herbages. Quand il se contente de dire, sans plus, qu'il n'est pas 'si cruel' de mourir, son argument, qu'on n'ose appeler foncièrement hédoniste, oublie en toute candeur des scrupules moraux qui s'imposeraient.

Aussi bien n'étaient-ce pas des considérations proprement morales qui avaient amené sa conversion. Le dernier vers du monologue rappelle, pour

---

tient à la tradition homérique, mais jure -j'allais dire à la lettre- avec l'esprit du catholicisme tridentin, qui enjoignait plutôt de multiplier indéfiniment les prières.

finir, qu'elle avait trouvé son point de départ dans un besoin de considération beaucoup plus terre à terre :

> Vaut-il mieux s'attirer la haine universelle? (v. 22)

∙∙∙

Une conversion prédestinée à tourner court pourrait avoir eu auparavant sa noblesse intrinsèque et témoigner ainsi d'une bonne volonté réelle, à la limite même plus pathétique de se retrouver faible. *Le Loup et les Bergers* donne à lire une conversion d'amateur où rien ne s'énonce comme il conviendrait. La fable se serait bien sûr mal accommodée du profil, par définition trop sérieux, d'un juste auquel la grâce aurait manqué (on se rappelle que *Phèdre* date de 1677[14]). Elle aurait pu se rabattre sur une bonasserie naïve qui ne malmènerait pas systématiquement tous les attendus coutumiers. La Fontaine préfère le jeu de massacre.

Le retour à la normale qui suit aligne à son tour quelques étranges dissonances :

> Disant ces mots il vit des Bergers pour leur rôt
> Mangeant un agneau cuit en broche.
> Oh, oh, dit-il, je me reproche
> Le sang de cette gent. Voilà ses Gardiens
> S'en repaissant eux et leurs chiens ... (vv. 23-27)

La Fontaine, on le voit, ne prend pas le temps de détailler l'affaissement progressif des bonnes intentions et préfère raconter un revirement immédiat. On pourrait reconnaître là une loi du genre, puisque la fable, de toute manière, est peu portée aux longueurs. Toujours est-il qu'en l'occurrence la découverte foudroyante qui change tout à tout n'aurait pas même dû être une surprise : le Loup ne pouvait ignorer et devait savoir depuis toujours (c'est le B.A.-BA. de son expérience du monde de grand fauve) que l'homme est lui aussi carnassier et que les Bergers ne se sont jamais gênés pour manger de la viande. Le loup du *Banquet* de Plutarque s'en étonne si peu qu'il oppose la tranquille évidence avec laquelle ils se régalent au beau vacarme qui s'ensuivrait si lui osait en faire

---

14 Marcel Gutwirth indique que le v. 21 de notre fable pourrait rappeler le v. 858 de la tragédie ('Est-ce un malheur si grand que de cesse de vivre?'; cf. *Un merveilleux sans éclat: La Fontaine ou la poésie exilée*, Genève, Droz, 1987, p.138). M. Gutwirth serait d'ailleurs le premier à admettre que le parallèle n'est pas vraiment contraignant -et que notre fable, de toute évidence, ne vise pas plus précisément Racine que Rancé.

autant. Notre Loup tombe des nues. Comme pour mieux souligner la totale incongruité de sa péripétie[15], La Fontaine, à ce moment où il rejoint enfin sa source, y supprime un détail : les bergers du *Banquet* s'attablent 'dans leur cabane' alors qu'ici la scène semble se passer en plein air ; il n'en est que plus évident qu'il s'agit d'une réalité des plus visibles.

Le Loup aurait pu conclure que les Bergers et lui-même se trouvent soumis à la même 'nécessité' commune, celle d'une nutrition carnée. Ce n'est pas exactement le cas :

> ... Et moi Loup j'en ferai scrupule?
> Non par tous les Dieux non; je serais ridicule. (v. 29-30)

Le Loup ne revient pas à ses instincts de 'cruauté', ni même à un goût élémentaire de la chair. Son revirement est commandé en premier lieu par la crainte du ridicule, qui fait à tout prendre un mobile fort proche de celui qui avait motivé un instant plus tôt sa brève conversion. Cette conversion, nous l'avons vu, ne reculait pas devant la perspective d'une mort inévitable ; elle résiste moins bien à l'inquiétude du *qu'en dira-t-on*.

...

Est-ce à dire que *Le Loup et les Bergers* enseigne en dernière analyse que le souci des appréciations d'autrui mène le monde? Cela la rapprocherait des réserves d'Henri Bremond devant l'abbé Tempête, lui aussi fort porté à se donner en spectacle et constamment soucieux de s'y faire bien voir. Reste bien sûr que le lecteur du XVIIe siècle ignorait moins encore que celui de nos jours que le Loup est de toute manière bien obligé de se nourrir de chair ; le dénouement proposé devait apparaître au moins aussi, quel que ce soit le détail précis des réflexions qui l'amènent, comme un retour à la normale ou un triomphe de l'instinct vital. Les tout derniers propos du Loup témoignent d'ailleurs d'une belle voracité, dont la démesure goulue indique un naturel retrouvé :

> Thibaut l'Agnelet passera,
> Sans qu'à la broche je le mette;
> Et non seulement lui, mais la mère qu'il tette,
> Et le père qui l'engendra. (v. 30-34)

---

[15] On notera que la 'réflexion profonde' du début n'est motivée par aucune circonstance précise.

Le vrai jeu de la fable serait alors, précisément, dans la juxtaposition d'un mot-à-mot sophistiqué de main de maître avec un aboutissement très prévisible. La critique du XIXe siècle (et d'une notable part du XXe) y aurait lu presque d'office un procès de l'ascèse, qui serait récusée au nom de la légitimité des appétits naturels: les affinités de La Fontaine avec la pensée libertine de son époque sont désormais bien connues. Le végétarisme mortel du Loup vaudrait dans cette perspective un passage à la limite, et donc une dénonciation, d'excès pénitentiaires dont le zèle aura souvent perdu de vue une mesure en principe obligatoire[16]. De là à conclure que l'auteur épicurien des *Fables* pouvait estimer par-devers lui que toute ascèse était foncièrement oiseuse, il n'y avait qu'un pas, qu'on franchissait à l'occasion d'autant plus allègrement que les pères fondateurs de l'histoire littéraire française étaient assez portés, à la Belle Epoque de Gustave Lanson, à saluer chez les grands classiques des pressentiments de leur propre laïcité.

Pareilles gloses restent, je crois, assez partielles. La Fontaine devait, à supposer qu'il en eût entrepris une, gazer son attaque contre l'orthodoxie catholique, dont il ne se serait sans doute pas moqué impunément. Sa critique serait toujours plus percutante si le Loup s'était trouvé amené à son projet suicidaire par un zèle tant soit peu authentique, qui ressemblerait un peu plus à un véritable repentir. En l'occurrence, ce n'est pas la grâce, mais le sens même du spirituel qui semblent lui manquer ; ce Loup serait plutôt, comme Max Weber le disait de lui-même, *religiös unmusikalisch* et ne saurait donc compromettre à l'excès une posture qu'il partage à peine. Son revirement quasi immédiat, qui plus est, le dispense aussi de ressentir un seul instant les tenaillements de la faim. Elles auraient pourtant dénoncé mieux que tout la foncière folie de l'ascèse.

∴

Il ne s'agit donc pas (que) de cela. La Fontaine fragilise à peu près pareillement les deux versants de son anecdote, qui retrouve la pente d'une nécessité, mais donne aussi à voir, pour la conversion comme pour le retour à un éthos plus

---

16   Infiniment moins partisane que celle d'Henri Bremond, la dernière en date des grandes biographies de Rancé souligne que son choix pour La Trappe était déterminé par "l'insalubrité du site" (Alban John Krailsheimer, *Armand-Jean de Rancé, abbé de La Trappe*, Paris, CERF, 2000, p.114) et qu'il se conforme sur ce point à une tradition cistercienne qui remonte à Saint Bernard. Rancé la dépasse en instaurant un régime ascétique rationné de parti pris "à la limite du strict nécessaire pour subsister" (*ib.*, p.119). En résultent des taux d'espérance de vie très étroits: "c'est un grave sujet de réflexion de penser qu'un entrant sur quatre n'avait que deux ans pour se préparer à la mort et que plus de la moitié ne survivrait pas cinq ans (...). Les hommes venaient à La Trappe (...) dans la ferme intention d'y sacrifier leur vie et de préférence rapidement" (*ib.*, p.123).

permissif, des évolutions presque arbitraires et déclenchées par des attendus très contingents. La vraie question est de savoir pourquoi et dans quel sens il a pu s'agir là, pour les lecteurs du XVIIe siècle, d'un spectacle hautement réjouissant.

Je répondrais volontiers qu'il était surtout lénifiant d'alléger l'empire de la nécessité. Les *Fables*, répétons-le une fois de plus, nous ramènent dans un monde essentialiste, où les choses et les gens sont invariablement ce qu'elles sont et où le plus court est donc de se conformer 'sans autre forme de procès' (I/10, v. 23)[17] à ce qui s'impose depuis toujours. Elles expriment ainsi, on l'a souvent dit, une vision du monde qui nous est devenue presque inimaginable et dont nos réflexes modernes auraient du mal à s'accommoder. Aussi sommes-nous spontanément portés à admettre, tout en le trouvant pour notre part horrible, que des contraintes à ce point incontournables devaient être le fait de forces massives, seules capables d'imposer une sujétion sans faille. L'essentialisme engage, pour dire les choses un peu vite, à croire à des essences lourdes.

Les contrastes lourdement tranchés mis en cause dans *Sauver le Grand-Siècle ?* sembleraient au premier regard abonder dans ce sens. Et on ne niera bien sûr pas qu'il correspond effectivement à bien des réalités tout aussi massives d'une époque où l'absolutisme royal se plaît à déployer une majesté devant laquelle il ne saurait y avoir aucun recours seulement imaginable. L'art baroque renchérit de son côté sur les façades de la Contre-Réforme : elles étalent un triomphalisme tout aussi autoritaire, dont les simples fidèles devaient s'approcher avec crainte et tremblement, autant dire quelque peu médusés. Ces orchestrations sont devenues pour nous des curiosités en quelque sorte touristiques, que nous visitons -au sens littéral ou par le biais d'un travail de recherche- de notre plein gré[18] et sans jamais plus nous y installer à demeure. On peut se demander (la question est à la fois inepte et inévitable) comment les gens du XVIIe siècle réussissaient, eux, à supporter durablement l'Ancien Régime et ses soumissions pour nous si excessives.

Christian Jouhaud évite, là encore, de poser en toutes lettres une question si sommaire. Il y répond pourtant par la bande. A retracer au jour le jour les visées et les pauvres calculs stratégiques de son Valet de Chambre du Roy, il montre par le menu que la soumission et la piété l'une et l'autre inconditionnelles de Marie Du Bois découvraient toujours des interstices et des failles qui

---

17   On se souvient que ce sont les derniers mots d'une fable qui commence en affirmant que 'la raison du plus fort est toujours la meilleure' (v. 1) et qui s'en indigne peut-être moins qu'on ne voudrait.

18   Christian Jouhaud consacre quelques très belles pages à la popularité du Baroque dans la seconde moitié du XXe siècle. Voir *Sauver...*, *op.cit.*, p. 220-232 et 266-276.

lui permettaient de se frayer une voie à certain degré personnelle. Loin de se trouver immobilisé sous une chape de plomb uniment écrasante, il s'inscrit, à sa place qui n'est pas la plus reluisante, dans un réseau à tout prendre assez souple et assez complexe pour générer plus d'une fois des incidents inattendus et pour laisser à tous ses acteurs certaine marge de manœuvre. Ce monde voué à l'éternel retour du Même comportait sa large part d'imprévu. C'est dire qu'au travers de ses pesanteurs, on pouvait toujours y mener une vie assez foncièrement aventureuse pour rester, au quotidien, respirable.

Le Loup et les Bergers mâtine de même sa nécessité profonde de tout un lot de contingences.. Le Loup est sans aucun doute moins ingénieux que Marie Du Bois et serait même, soit dit sans méchant jeu de mots, assez bête. Toujours est-il que lui aussi parcourt un trajet qui n'a rien d'étroitement mécanique. La Fontaine raconte certes, ici comme partout ailleurs dans les *Fables*, une histoire qui ne pouvait guère tourner autrement. On pourrait même arguer qu'il fait voisiner deux nécessités puisque la tentation du bien fait elle aussi partie des récurrences éternelles du monde et qu'il est donc tout à fait naturel qu'il y affleure quelquefois des projets de conversion: le *Grand Siècle des Âmes* fournissait à cet égard une copieuse évidence empirique! Le fabuliste indique pour sa part que les sécessions comme les retours à la vie commune se décident souvent de la façon la plus fortuite ou par le biais d'arguments de fortune, qui auraient pu aussi bien ne pas se présenter à l'esprit de ceux qu'ils convainquent ou se profiler tout autrement.

L'essentialisme fondamental des *Fables*, qu'il n'est évidemment pas question de discuter, se monnaie ainsi, pour la plus grande joie du lecteur, en des évolutions concrètes sans doute fort prévisibles (elles n'ont jamais fini de se reproduire), mais aussi bien traversées d'un infini hasard. Comme quoi ce monde que nous imaginerions excessivement rigide et d'une accablante monotonie ne devait étouffer personne et se recommanderait au contraire par une très supportable légèreté de l'Être.

Il devait être plus facile, trois siècles avant Milan Kundera, d'illustrer ou de 'fabuler' une telle suggestion que de la penser en termes discursifs. La morale qui termine *Le Loup et les Bergers* se contente à première vue d'approuver le second choix du Loup, qui décide de ne plus rien se refuser :

> Ce loup avait raison. Est-il dit qu'on nous voie
> Faire festin de toute proie,
> Manger les animaux, et nous les réduirons
> Aux mets de l'âge d'or autant que nous pourrons ?
> Ils n'auront ni croc ni marmite ? (v. 35-39)

Serait-ce à dire que le fabuliste se serait rabattu en fin de compte sur une conclusion tant soit peu quelconque? Ce n'est pas si sûr. Ses deux questions apparemment rhétoriques ont en effet ceci de particulier qu'elles n'appellent pas vraiment, à y réfléchir, une réponse évidente. Tout se passe comme si La Fontaine, si porté d'habitude à soupeser ses moindres mots, s'amusait ici, si l'on ose dire, à bafouiller -au point de déstabiliser, dans ce qu'on prendrait d'abord pour une leçon sans surprise, tout ce qui pouvait l'être. 'Proie' conviendrait fort bien pour le Loup, mais est très impropre pour une humanité qui, ici, se compose surtout de Bergers ; les gardiens ne sont pas des chasseurs et pourraient estimer que le soin qu'ils prennent de leurs troupeaux vaut un titre de propriété, que les loups, dans ce sens là au moins, auraient donc tort de ne pas respecter. La seconde question engage à reconnaître aux 'animaux' un droit aux marmites, dont ils se passent fort bien; le mot 'croc' est plus déconcertant encore puisqu'il peut désigner aussi bien un ustensile dont ils se passent pareillement qu'une dentition de carnassier dont le Loup est par contre très naturellement pourvu. Les deux questions, du coup, n'aboutissent à rien de décisif ; elles ramènent à leur tour, autant que faire se pouvait, dans un monde qui, tout balisé qu'il est par des voies toutes tracées, reste en même temps plaisamment indécidable.

Aussi ne débouchent-elles sur aucune véritable recommandation pratique :

> Bergers, bergers, le loup n'a tort
> Que quand il n'est pas le plus fort :
> Voulez-vous qu'il vive en ermite? (v. 40-42)

Ce droit du plus fort donne à penser que les bergers n'ont pas grand chose de mieux à faire que de continuer leur guerre de toujours contre les loups, qui continueront de leur côté à y remporter plus d'un succès. Comme pas un mot n'indique que les triomphes des uns seraient plus fréquents que ceux des autres, on peut conclure aussi que le cours concret de leur guerre restera pour bien du temps encore délicieusement aléatoire...

• • •

Il va sans dire que toutes les fables ne multiplient pas à ce point les tremblés. *Le Loup et les Bergers* serait plutôt un cas limite ; les *Fables* constatent d'abord qu'un inévitable cours ordinaire des choses ne manque jamais de retrouver très vite ses immémoriales ornières et que les mal avisés qui cherchent à s'aménager une quelconque exception ne tardent guère, pour leur plus grand dam comme pour le plus grand plaisir des lecteurs, à se voir ramenés à la normale.

On pourrait faire un bout de chemin, qui nous servira ici de conclusion, en suggérant que les effets de série explorés dans ce numéro thématique pouvaient viser aussi, au-delà de leurs enjeux à chaque fois particuliers, à créer certain *effet d'imprévisibilité*. Leur attrait secret serait d'ajouter une touche de fantaisie à ce que le spectacle d'une nécessité implacable aurait sinon de trop monotone. Lues isolément, la plupart des fables disent l'incontournable retour du Même dans un monde où les fourmis ne sont pas prêteuses et où « *tout flatteur vit aux dépens de celui qui l'écoute* » (I/2, v. 14-15) ; les effets d'écho entre les fables aménagent à chaque fois des surprises qui, si elles ne desserrent pas vraiment les contraintes, y ajoutent quelques notes plus aléatoires qui atténuent au moins leur foncière raideur.

La première étude de notre série montre que l'architecture globale du Livre I s'inspire de l'esthétique du jardin français, qui ne passe pas précisément pour prodiguer les charmes de l'imprévu. Le Livre propose toujours un jardin subtilement dissymétrique : si la fable la plus atypique de l'ensemble y fait figure, au centre exact de la série, d'allée centrale, les allées transversales sont légèrement décalées l'une par rapport à l'autre : la première ponctue le second tiers de la série, la seconde s'inscrit dès le premier tiers. Soit donc une construction très contrôlée, mais qui amuse aussi de paraître discrètement aventureuse.

Le Livre III noue parmi d'autres choses un dialogue avec la tradition facétieuse, qui fluidifie si l'on peut dire les limites entre les deux genres. Les trois anecdotes qu'il emprunte au corpus facétieux sont discrètement remaniées et finissent par illustrer des leçons qui relèvent d'une topique plutôt ésopique. Les deux dernières, qui plus est, s'intègrent à des diptyques où l'autre volet vient pleinement du monde de la fable mais se nuance alors, en sens inverse, d'accents facétieux. Le dernier diptyque réussit même le joli tour de force de combiner en outre des timbres misogynes et galants, qui devraient donc plutôt s'exclure. Le fabuliste nous emmène, ici comme partout, dans un monde fait de sentiers battus ; ils viennent au moins, en l'occurrence, à se croiser de façon fort imprévue.

La Fontaine, qui publie à peu près simultanément des fables et des contes, ne pouvait manquer de jouer aussi de cette ligne de partage-là et propose donc plus d'un texte indécidable. *Les Femmes et le Secret*, qui figure dans le Livre VIII des *Fables*, aurait pu être aussi bien un conte, qui rendrait même, pour qui accepte d'y chercher des formules gazées plutôt qu'une leçon morale, un ton particulièrement grivois. Le même Livre y va plus loin d'un diptyque sur l'amitié dont les deux volets viennent cette fois de la même source : Pilpay les avait racontées à quelque cent pages de distance. La Fontaine les rapproche de sa propre autorité et construit ainsi un curieux contrepoint entre des amitiés prosaïque et idéale, où la seconde ne paraît pas forcément plus convaincante que la première.

Le Livre IX élabore toute une réflexion sur la diversité, qui domine notamment la première moitié du Livre et revient ensuite en force dans le *Discours à Mme de La Sablière* qui le termine. Ce très long mot de la fin ajoute l'exemple au précepte en se jouant plus massivement que jamais de toutes limites génologiques : le *Discours* n'est pas un récit et la fable n'avais pas vocation à s'attarder au problème de l'âme des bêtes. Les fables qui ouvrent le Livre viennent pour la plupart d'un filon ésopique assez traditionnel et retrouvent presque toutes, chacune à sa façon, le spectacle familier d'un monde où les choses ne peuvent que suivre leur cours immuable. La série qu'elles finissent par former se profile, elle, comme un flux intarissable, dont les méandres infinis ne relèvent d'aucune règle apparente : les textes se suivent à la faveur d'associations d'idées qu'on ne dira certes pas libres au sens freudien, mais qui savourent toujours, tout en prospectant un monde aux règles fixes, le bon plaisir capricieux d'une conversation enjouée.

Les dernières fables du Livre XII s'aventurent du côté de la mythologie. *Daphnis et Alcimadure* et *Philémon et Baucis* se souviennent respectivement de Théocrite et d'Ovide. La Fontaine réoriente leurs textes, que rien ne prédestinait à se rapprocher, pour en tirer un diptyque où les dieux châtient d'abord une belle inhumaine pour couronner ensuite une affection conjugale que la métamorphose simultanée des deux conjoints fait déboucher sur une manière d'éternité partagée. Ce doublet exceptionnellement sérieux et même pieux surprend dans les *Fables* ; le fabuliste s'en rend si bien compte qu'il accentue encore l'effet en encadrant son diptyque dans une série plus large sur l'amour conjugal, où d'autres textes retrouvent les accents plus goguenards dont le lecteur des *Fables* avait en ces parages l'habitude.

La série se prolonge jusqu'à l'avant-dernière fable du Livre XII, qui est aussi, avec ses 562 vers, la plus longue de toutes les fables. Les trois filles de Minée y décident de se raconter des histoires ; on s'attend à une série de trois récits, qui vaudrait comme une sorte de miniature des sociétés conteuses plus fournies de Boccace ou de Marguerite de Navarre. La Fontaine raconte quatre histoires ou même cinq si on compte un sujet de tapisserie assez longuement détaillé. Ce qui montre une dernière fois[19] combien les séries qui se dessinent dans les *Fables* réussissent surtout, pour mieux réjouir le public, quelques beaux alignements vagabonds.

---

19   La toute dernière fable est, pour sa part, tout à fait hors-série. *Le Juge arbitre, l'Hospitalier et le Solitaire* prolonge un paragraphe Pélage Diacre, qu'Arnauld d'Andilly avait repris dans ses *Vies des Saints Pères du Désert*. Cet emprunt patristique devait rester un hapax, qui consone évidemment avec la 'conversion' retentissante de l'auteur quelques mois avant la sortie des *Fables choisies* de 1694. Je me permets de renvoyer à ce sujet à mon etude "Par où saurais je mieux finir? La Fontaine chez les Pères du Désert" in *Felici Curiositate : studies in Latin literature and textual criticism from Antiquity to the twentieth century in honour of Rita Beyers*, Guy Guldentops, Christian Laes et Gert Partoens eds, Turnhout, Brepols, 2017, p. 729-743.